未成年人权益保护与犯罪预防系列读本

让阳光洒满校园

校园犯罪预防与校园安全保护

主　编　叶小琴
副主编　冯　源
撰稿人　叶小琴　冯　源　田小满　牛埔锦
　　　　刘彦修　岑铭敏　廉　凯

武汉大学出版社
WUHAN UNIVERSITY PRESS

图书在版编目（CIP）数据

让阳光洒满校园：校园犯罪预防与校园安全保护/叶小琴主编.—武汉：武汉大学出版社，2019.12（2020.11重印）
未成年人权益保护与犯罪预防系列读本
ISBN 978-7-307-20843-8

Ⅰ.让…　Ⅱ.叶…　Ⅲ.学校管理—安全管理—研究—中国
Ⅳ.G474

中国版本图书馆 CIP 数据核字（2019）第 065226 号

责任编辑：胡　荣　　责任校对：汪欣怡　　版式设计：马　佳

出版发行：**武汉大学出版社**　（430072　武昌　珞珈山）
（电子邮箱：cbs22@whu.edu.cn　网址：www.wdp.com.cn）
印刷：武汉中远印务有限公司
开本：880×1230　1/32　印张：5.625　字数：139 千字　插页：2
版次：2019 年 12 月第 1 版　　2020 年 11 月第 2 次印刷
ISBN 978-7-307-20843-8　　定价：19.90 元

叶小琴

　　法学博士，武汉大学法学院副教授、硕士研究生导师、刑法教研室主任，武汉大学网络治理研究院研究员，兼任中国犯罪学学会常务理事、武汉市社区矫正讲师团副团长，研究方向为比较及国际刑法学、犯罪学与刑事政策。曾在美国哥伦比亚大学法学院、荷兰阿姆斯特丹大学法学院等机构担任访问学者。出版独著著作《论刑法的趋同》、与人合著著作《看守所检察监督实证与比较研究》，并主编《堕落与救赎：女性犯罪启示录》《折翅之痛与思：未成年人犯罪启示录》《中国当代死刑制度改革的探索与展望》《危害国家安全罪办案一本通》4部著作，参译《美国刑事诉讼——法律和实践》，参编《中国青少年犯罪问题及对策研究》《刑法案例分析》等10余部著作，在《求是内参》《教育部简报（高校智库专刊）》《法学评论》等发表50余篇学术论文，主持国家社科基金后期资助项目、司法部国家法治与法学理论研究项目等10余项科研项目。

总　序

　　党的十九大报告指出"青年兴则国家兴，青年强则国家强。青年一代有理想、有本领、有担当，国家就有前途，民族就有希望"，保障未成年人健康成长成为全党工作的重点，亦是全社会共同关注的话题。然而，近年来未成年人群体被害现象和犯罪现象愈加突出，校园、网络、毒品一方面成为了未成年人犯罪的高发领域，另一方面也使得未成年人权益受到更大程度侵害。为了应对未成年人权益受损严重和犯罪数量迅速上升的现实，《中华人民共和国未成年人保护法》《中华人民共和国预防未成年人犯罪法》的修订以及《中华人民共和国社区矫正法》的起草被纳入议事日程并于2019年10月分别经全国人大常委会一审和二审，未成年人权益保障和犯罪预防工作机制进一步完善。新修订的三部法律秉持源头预防、综合保护的理念，明确了家庭、学校和社会多方主体的责任，力争建构起由家庭承担监护责任、学校承担管教责任、国家机关承担保护责任、群团组织承担参与责任的立体保护体系。不过如何确保各方主体责任的落实，形成合力仍是当前需要进一步研究的问题。

武汉大学刑事法研究中心长期关注未成年人犯罪和权益保障问题。通过深入到未成年人管教所对未成年犯罪人进行面对面、一对一的访谈和交流，并参与对未成年人社区服刑人员的帮扶工作，了解了他们的成长历程和犯罪经历，深刻剖析了他们的犯罪原因和犯罪特点。此后，又进一步开展了未成年人法律素养评估的调查。在此基础上，我们深入研究未成年人犯罪的典型案例，结合未成年人教育的相关理论，编写了这套未成年人权益保护与犯罪预防系列读本。通过以案释法，讲述未成年人成长阶段应当了解的法律知识，为未成年人价值观的形成、家长的正确引导和学校的合理监管提供参考和指引。

本套读本在编写体例上一改往日未成年人法律保护丛书的教科书式篇章结构，以典型案例为中心，围绕案例进行法律分析，讲解法律知识，并附上法律条文和具体建议，以方便读者进一步学习。系列读本以未成年人主要涉及的犯罪领域为导向展开编写，具体分为校园犯罪、毒品犯罪和网络犯罪，最后总结未成年人的法律制度保护。在读本的编写中，既注重犯罪的预防，又关注未成年人权益的保障。本套书共分为以下四本：

1.《让阳光洒满校园——校园犯罪预防与校园安全保护》一书主要聚焦校园内发生的未成年人犯罪和侵害其权益的行为，全书分为校园欺凌、校园侵财、校园性侵和校园虐待四部分内容，通过选取近年来在校园里发生的典型案例展开法律知识的普及。

2.《青春不"毒"行——未成年人毒品犯罪预防》一书结合未成年人涉毒行为的基本类型，分章介绍未成年人吸食毒品、未成年人涉毒犯罪、毒品引发的未成年人次生违法犯罪基本情况，并用多个典型性案例分析违法犯罪行为背后的成因，并总结预防未成年人坠入"毒网"的积极措施。

3.《织好青春防火"网"——未成年人网络权益保障与行为规范》一书关注网络中未成年人被侵害的现象，主要包括未成年人网络虚拟财产、人格权、名誉权和知识产权等民事权益的保护，还涉及网络犯罪被害主体的未成年人的人身权益保护。另外针对未成年人使用网络的特点制定出青少年参与网络的行为规范，为未成年人正确使用网络提供规范指引。

4.《筑好"法律盾牌"——未成年人权益的多元法律保护》一书从家庭保护、学校保护、社会保护、司法保护四个角度出发，结合《中华人民共和国未成年人保护法》《中华人民共和国预防未成年人犯罪法》《中华人民共和国义务教育法》等法律知识，综合全面地介绍当前我国预防未成年人犯罪和保障未成年人权益的法律制度。

兼顾教育性与趣味性、娱乐性与专业性是本套系列读本的重要特点，旨在让未成年人、家长和校方能够在法律知识的学习中感受乐趣，从而能够更加主动地进一步研究未成年人的犯罪预防和权益保护这一重要课题。因此，本书既可以面向未成年人、家长作为自学读物，又可以面向校园法治教育课堂，作为教学读本。

　　最后需要特别感谢有关单位对本套系列读本编写前期调研和资料搜集工作所提供的便利条件。感谢武汉大学出版社胡荣编辑以及其他工作人员对本套读本编写工作提供的宝贵意见和付出的心血。因未成年人犯罪预防与权益保护是一个与时俱进、不断发展的话题，本套读本在编写过程中尚有纰漏和不足之处，恳请谅解！

丛书主编

2019 年 9 月

前　言

　　近年来，校园犯罪案件频发。2018 年，最高人民法院发布近三年校园暴力案件数据报告，报告显示，2015—2017 年全国各级人民法院一审审结校园暴力犯罪案件共计 2700 余件，其中超过六成的被告人为未成年人。校园犯罪的频发，让校园不再是宁静的象牙塔。在校园犯罪中，主要涉及校园虐待、校园欺凌、校园侵财和校园性侵。这四种犯罪行为，已经严重危害了未成年人的健康成长。此外，校园犯罪主体和被害对象具有特殊性和相互转化性，这加剧了校园犯罪的社会危害，也增加了校园犯罪预防的难度。实现校园犯罪预防，已成为当前社会亟待完成的任务。

　　本书作为"未成年人权益保护与犯罪预防系列读本"中的一册，主要从校园欺凌、校园侵财、校园性侵和校园虐待四个部分针对性地剖析校园犯罪的成因、特点、犯罪行为等，并提出预防策略，既关注犯罪预防，也注重被害预防。本书在编写方式上以改编真实案例为基础，将普法知识与未成年人成长相结合，以加深未成年人对于法律的理解和运用，促进其对于法律的感受和认知。在每一个案例之后，配有案例分析、法律小课堂

等板块，系统性地梳理每一个案例中所涉及的法律知识，并提供相应知识的具体讲解，或者给出具体的预防犯罪的建议和策略，以期实现校园犯罪的预防，守卫校园和谐稳定的环境。

　　校园安全是一个关乎青少年健康成长的关键问题，其对于青少年健康人格的塑造具有十分重要的作用。校园犯罪中的青少年学生，无论是犯罪人还是受害人，他们的成长都会受到影响，因此需要积极地引导和沟通。构筑校园安全网、筑牢防范犯罪的"篱笆"，为青少年的成长保驾护航是我们不断坚守的任务。

编　者

2019 年 9 月

目 录

校园欺凌篇

校园欺凌是犯罪的温床 / 003

"受害"转"加害"的激情犯罪 / 009

校园欺凌不只发生在学生之间 / 017

校园暴力事件引发的犯罪 / 021

同学玩闹引发的恶性案件 / 028

校园群体斗殴的恶果 / 035

校园欺凌中的侮辱行为也构成犯罪 / 042

校园侵财篇

构成抢劫的行为 / 051

抢劫罪的八种法定刑升格条件 / 056

抢劫与盗窃 / 061

共同犯罪如何判刑 / 066

什么是抢夺罪？ / 070

未成年人犯罪的裁量 / 073

侵占罪的成立要件 / 078

成立盗窃罪的情形 / 081

使用暴力的后果 / 088

诈骗罪是如何构成的 / 091

信用卡诈骗罪的判定　　　　　　　　/ 095
什么是电信诈骗?　　　　　　　　　/ 099

校园性侵篇
性侵教师是披着羊皮的"狼"　　　　/ 111
遭受侵害是否可以提起民事赔偿?　　/ 116
网友还是"狼友"?　　　　　　　　 / 122
交友要擦亮眼睛　　　　　　　　　　/ 127
苦涩的"禁果"　　　　　　　　　　 / 132
变质的"同学情"　　　　　　　　　 / 137

校园虐待篇
教师惩戒权还是非法暴力?　　　　　/ 145
幼儿园中的虐待　　　　　　　　　　/ 151
"特殊教育"　　　　　　　　　　　 / 157
老师能体罚学生吗?　　　　　　　　/ 163

后　记　　　　　　　　　　　　　　/ 168

校园欺凌篇

　　近年来有关校园欺凌事件的报道屡见报端，网络上关于不同地区的校园欺凌视频更是层出不穷、流传甚广。本章选取的案例或多或少都有着校园欺凌的情节，有些是因为校园欺凌引发的犯罪，有些是因为遭遇校园欺凌以后报复导致的犯罪。总之，校园欺凌是未成年人在成长过程中遇到的阴霾，不能忽视。当未成年人遭遇校园欺凌时有两种不可取的做法：其一是保持沉默。遭受欺凌的人时常会认为一切都是自己的错，这样只会助长欺凌者的气焰，使自己受到的伤害越来越严重。其二是以暴制暴。除非有正当防卫的紧迫需要，否则暴力永远都是最不可取的处事方式，只能让情况恶化，不可能从根本上解决问题。面对校园霸凌行为，最正确的态度是挺身而出、勇敢发声。注意，勇敢发声绝对不是鲁莽行动，报复欺凌者，而是最大限度地保护自己，使自己远离伤害。

校园欺凌是犯罪的温床

　　高二学生易某由于不堪忍受同级学生王某的辱骂、孤立、肢体冲撞，想方设法融入同校高年级团体寻求庇护，后来终于成功报复了长期欺负她的王某。后来，跟着高年级团体和社会人士厮混的易某逐渐学会了抽烟、喝酒，甚至开始吸食毒品麻果。随着毒瘾慢慢加深，易某无力承担高额毒品费用。于是，易某与卖家约定，由易某介绍他人吸食毒品，作为报酬，卖家免费给易某提供毒品。一次，易某通过 QQ 软件约出几位女生并介绍给卖家，然后拿到了梦寐以求的毒品。没想到，卖家竟然想逼迫这些女孩卖淫，幸好被前来的警察阻止。

　　易某被法院判处强迫卖淫罪。①

一、　强迫卖淫罪的帮助行为

　　强迫卖淫罪，是指以暴力、胁迫或者其他手段，迫使他人卖淫的行为。本罪侵犯的客体是他

---

①　改编自 H 省未成年犯管教所真实案例。

人的人身权利和性的不可侵犯的权利，犯罪的对象是"他人"，这里的"他人"主要是指妇女，也包括不满 14 周岁的幼女和男性。本罪在客观方面表现为违背他人意志，用暴力、胁迫或者其他方法迫使他人卖淫。关于用何种方法强迫他人卖淫，法律上没有限制，实践中主要是指用暴力、胁迫的方法，如殴打、虐待、捆绑或以实施杀害、伤害、揭发隐私、断绝生活来源相威胁，或利用他人走投无路的情况下采用挟持方法迫使他人卖淫。如果仅仅是通过物质引诱鼓动他人卖淫，没有违背他人意志的，不能构成本罪。本罪的主体是一般主体，即凡已满十六周岁，具有刑事责任能力的自然人均可成为本罪主体。本罪在主观方面表现为直接故意，即明知自己的行为是强迫他人卖淫，但依然实施强迫卖淫的行为。法律上没有要求行为人主观上必须具有营利的目的，只要故意强迫他人卖淫就可构成本罪。帮助犯，是指共同犯罪中没有直接参与犯罪，但是向其他参与犯罪的犯罪人提供帮助，使其便于实施犯罪，或者促使其完成犯罪的人。帮助行为与他人实行犯罪行为的结果具有物理或者心理上的促进作用，但是并不要求他人实际上利用了帮助行为。只要行为人认为帮助行为可以使他人的实行行为更为便利，即可成立帮助行为。比如，盗窃罪中的"望风"行为就是常见的帮助行为。本案中，易某虽然没有直接实施"暴力"行为，强迫被害者卖淫，但是其使用 QQ 软件欺骗被害人的行为已然构成了"帮助行为"，易某欺骗被害人并将被害人交给卖家的行为客观上有助于强迫卖淫罪的完成，对法益侵害的发生有着促进作用，理应受到刑法处罚。

二、渐变式"逆化"的犯罪原因

分析易某的犯罪原因，其犯罪属于渐变式的"恶逆化"过程。所谓恶逆化，亦称恶逆变，指的是被害人在其合法权益受到犯罪行为侵犯以后，在不良心理的支配和其他因素的推动下所导致的逆向变化，亦即从被害者向施害者的转化。易某先遭受校园欺凌，合法权益受到侵犯以后，在其不良报复心理支配下从而逆向变化，最终走上犯罪道路。现实生活中，饱受校园欺凌荼毒的学生不在少数。作为未成年人，孩子们面对校园欺凌仍然具有恐惧心理，不敢反抗是绝大多数人的心态，敢于激烈反抗的并不多见，这也属于情理之中。面对欺凌，激情的逆化、直接的逆化往往都是个案。绝大多数都是渐变式和间接的逆化，也就是老师和家长口中常说的"走歪路"，比如易某，她在学校受到了欺凌，一味忍让，当情绪到了临界点之后选择寻求另外一帮校园欺凌团体的庇护。她出钱、跑腿，几乎是全身心投入，为的就是被接纳、被保护。易某不找老师、不找家长，反而找了校园不良团体来解决欺凌问题。从表面上看，她好像不再受到王某的欺凌，成为了班上谁都不敢得罪的同学。其实在悄然之间，易某已经走上了以欺凌对抗欺凌的错误道路，成为了暴力的一分子、欺凌同学的一员。易某这种寻求接纳和保护的过程是持续的，这就是渐变式过程。

不仅如此，之所以称这种以暴制暴的行为是渐变式逆化，不单单是说易某没有突然反击、激情反抗，更重要的是要说明易某后续行为也是渐变式的逆化。易某所具有的"恶逆化"中的"恶"，不仅仅是她以欺凌对抗欺凌，更重要的是她后面强迫卖淫罪帮助犯的"恶"。这正是她从欺凌对抗欺凌开始加入不良团体，进而接触毒品，从而触犯了法律。未成年人的心理发展还十分不成熟，个体心理差异也很大，在面对问题的时候，都不愿意寻求老师、家长的帮助。究其原因，一是怕被唠叨，二是觉得自己能够解决，对自己充满信心。未成年人在受到校园欺凌后不寻求合适的成年人的关心和帮助，转而寻求其他越轨未成年人的不当保护，组建不良团体、校园帮派，这是常见现象。这些团体、帮派貌似一时之间可以迅速解决欺凌问题——就是"打"，打赢了就不再受欺负了。但是，欺凌是一种氛围，是一种让未成年人可以得到快感或者满足感的气氛。当用欺凌的手段对抗欺凌的时候，某种意义上就已经逆化了，逆化者就已经成为校园欺凌的一分子。很多不良的未成年人、越轨团体就经历了这样的发展过程：抱团取暖→反败为胜→独领风骚→沾染犯罪→犯罪升级→分崩离析。

随着逆化越来越深，逆化者聚在一起，敢做的事儿就越来越大，越来越出格。打架、逃学、吸烟、酗酒甚至吸毒，没钱了去盗窃、抢劫、诈骗，这些都是未成年人犯罪的常见现象。产生这些现象的前置原因，大多数都是未成年人不良团体的成立。这些团体成立之初有很大一部分就是为了抵抗其他团体的欺凌，或者说是为了去欺凌别人。所以，校园欺凌往往导致次生犯罪蔓延。在某种程度上，校园欺凌行为是其他犯罪行为的培养皿，培养了团体、培养了胆量。这是学校、家长和社会必须重视的严峻现实。所以，要重视欺凌造成的渐变式逆化，避免更多的同学误入歧途。

三、 保护潜在的恶逆化者

回到易某的案件上，最终法院认定她为强迫卖淫罪的帮助犯。但是，她何尝不是校园欺凌的受害者呢？囿于未成年人求助渠道的匮乏，易某选择了一条以暴制暴、以恶制恶的道路。报应刑主义的观点也从来不主张公民自我实施报复行为。刑法之所以有存在的必要，就是因为"以牙还牙，以眼还眼"的同态复仇会造成社会的无序状态，不属于正义的实现方式。不良团体的建立，往往为日后的犯罪埋下了种子。寻衅滋事、找刺激、没钱了找钱花，团体生活的方方面面都可能将团体成员引上犯罪道路。这不仅仅是简简单单"不学习，不学好"的问题，而是关系到未成年人健康成长以及社会稳定的问题。除了遭受校园欺凌，进而"恶逆化"投诚不良团体的学生之外，更不必说居于欺凌者地位的加害人了，他们往往更具有犯罪的潜在可能性。所以，校园欺凌问题的解决一是要保护潜在被害人群体，二是要对潜在加害人群体进行管控、约束以及教育。避免校园欺凌的受害者在不良心理支配下逆化为欺凌同学的加害者。

法律小课堂

帮 助 犯

帮助犯，是指共同犯罪中没有直接参与犯罪，但是向其他参与犯罪的行为人提供帮助，使其便于实施犯罪，或者促使其完成犯罪的人。帮助行为对他人实行犯罪行为的结果具有物理或者心理上的促进作用，但是并不要求他人实际利用了帮助行为。只要行为人认为帮助行为可以使他人的实行行为更为便利，即可成立帮助行为。比如，盗窃罪中的"望风"行为就是常见的帮助行为。所以同学们一定要注意，不能什么事都参加，一定要有法律意识；否则成了他人犯罪行为的"帮凶"，涉嫌犯罪就悔之晚矣。

主犯、强迫卖淫罪

——《中华人民共和国刑法》

第二十六条　组织、领导犯罪集团进行犯罪活动的或者在共同犯罪中起主要作用的，是主犯。

三人以上为共同实施犯罪而组成的较为固定的犯罪组织，

是犯罪集团。

对组织、领导犯罪集团的首要分子，按照集团所犯的全部罪行处罚。

对于第三款规定以外的主犯，应当按照其所参与的或者组织、指挥的全部犯罪处罚。

第三百五十八条　组织、强迫他人卖淫的，处五年以上十年以下有期徒刑，并处罚金；情节严重的，处十年以上有期徒刑或者无期徒刑，并处罚金或者没收财产。

组织、强迫未成年人卖淫的，依照前款的规定从重处罚。

犯前两款罪，并有杀害、伤害、强奸、绑架等犯罪行为的，依照数罪并罚的规定处罚。

为组织卖淫的人招募、运送人员或者有其他协助组织他人卖淫行为的，处五年以下有期徒刑，并处罚金；情节严重的，处五年以上十年以下有期徒刑，并处罚金。

遇到校园欺凌怎么办？

1. 处理好同学关系，上学放学尽量结伴而行；
2. 及时向老师以及家长反映，做到有效沟通；
3. 面对欺凌勇敢说不，不能唯唯诺诺，避免形成欺凌氛围。

"受害"转"加害"的激情犯罪

何某是一名来自小县城的初三女学生，与其同住学生公寓的室友白某屡次向何某提出同男友合住一晚的要求，屡次遭到何某的拒绝，于是白某心生不满，开始处处针对何某。在连续三周的时间里，白某对何某实施的报复行为一步步升级，由最初的冷暴力、言词辱骂逐渐演变到肢体殴打。近一个月后，默默忍受的何某终于在白某又一次公然诋毁时爆发，双方产生直接正面冲突，遭到白某恐吓的何某因为恐惧，在文具店购买了一把美工刀以作防身用。放学后，白某等人将何某带到学校后门的小巷，对何某实施辱骂、掌掴等欺侮行为，崩溃的何某拿出口袋里的美工刀，划开了白某的颈动脉。最终，白某经抢救无效死亡。

法院判决，何某犯故意伤害罪（致人死亡），判处有期徒刑七年。①

---

① 改编自 H 省未成年犯管教所真实案例。

一、 校园欺凌情形简述

本案系 H 省未成年人管教所真实案例，属于未成年人遭受校园欺凌后，处理方式不当，"恶逆化"激情犯罪的情形。所谓的校园欺凌，就是指发生在校园内，学生上学或放学途中以及学校教育活动中，由老师、同学或者校外人员蓄意滥用语言、肢体力量、网络、器械等，针对人的生理、心理、名誉、权利、财产等实施的达到某种程度的侵害行为。这种暴力，可以认定为蓄意运用躯体的力量或者权力，对他人、群体或者社会进行威胁或者伤害，造成损伤、死亡、精神伤害、发育障碍或权益剥夺。校园欺凌是一种带有攻击性的行为，欺凌者与受害者之间往往存在着某种权力上的不对等，比如人数、身体、年纪，或者是一方掌控了对方的什么把柄，或者在群体中的受欢迎程度。欺凌者热衷去控制和伤害对方，尝试以这种方式来满足自身的刺激感或者尊崇感。当一次刺激得以满足后，往往就形成一种欺凌习惯。对于受害者而言，可能就形成了一种欺凌的氛围。欺凌往往是长期且反复的，所以欺凌行为在某段时间内会长期反复发生，很多受害者被校园欺凌折磨到精神崩溃，有的甚至"恶逆化"，自己采取不当反抗手段最终触犯法律。本案中的何某就属于校园欺凌的受害者，没有正确面对和解决欺凌问题，采取不当方式进行解决，最终"恶逆化"，触犯了法律。

何某实施犯罪前曾遭受白某一伙欺负，长达 3 周，而且一天多次，足以涵盖学习、寝室生活的方方面面。从开始的冷暴力到人格侮辱，再到进一步的言语辱骂和肢体冲突，这对何某造成了身体上和心理上的创伤，导致何某在这种高压欺凌下，作出了不健康不正确的应激反应，即"恶逆化"反应，在判决书上法院也将此行为认定为激情伤人。不正确处理欺凌行为，极易滋生一些相关犯罪，校园欺凌行为导致的犯罪现象，在未成年人案件中多发。绝大多数未成年人暴力犯罪，除了抢劫、抢夺这类与财产有关的犯罪之外，诸如故意杀人、故意伤害这一类单纯的施暴性犯罪，均与校园暴力相关。2017年最高人民法院公布的数据显示，全国校园暴力犯罪中，故意伤害罪的比例为57%，故意杀人罪的比例为6%。究其原因，欺凌现象是其中的主导因素。欺凌行为作为未成年人校园暴力犯罪的一个重要因子，其中既有"恶逆化"的部分，也有单纯的欺凌过重直接导致被害者自杀或者被殴打致死的犯罪。而本案属于因遭受校园欺凌，不堪受辱而直接"恶逆化"的情况。

二、"恶逆化"犯罪过程重点分析

所谓"恶逆化"，亦称恶逆变，指的是被害人在其合法权益受到犯罪行为侵犯以后，在不良心理支配和其他因素推动下所导致的逆向变化，亦即从被害者向施害者方向的转化。在本案中，何某在自身人格受到侵犯并不堪受辱的情况下，逆向变化，从校园欺凌行为的被害人转变为加害人。人身权是我国法律所保护的基本公民权利，任何侵犯人身权的行为都是现行法律所不允许的。严重侵犯人身权的行为构成犯罪；轻微侵犯人身权的行为，相较于侵犯生命权、健康权等行为而言可能较为缓和，但是并不意味着法律可以放任他人任意实施情节较轻的侵犯人身权行为。首先，白某等人先前实施的殴打行为，是法律所禁止的行为，某种程度上已经涉嫌犯罪。其次，《中华人民共和国刑法》（以下简称《刑法》）第246条规定："以暴力或者其他方法公然侮辱他人或者捏造事实诽谤他人，情节严重的，处三年以下有期徒刑、拘役、管制或者剥夺政治权利。"白某等人的欺凌行为也系公然地对何某人格进行践踏侮辱，属于对他人人格尊严和名誉权的侵犯，情节严重时涉嫌侮辱罪或诽谤罪。何某应对校园欺凌的方式是一味忍让，最后出手伤人致死是情绪失控下的反应。白某最后对何某进行激将，称何某不敢"动刀"，还将脖子凑过去，让何某往上砍。这样的挑衅行为是何某"恶逆化"的直接导火索。"恶逆化"的直接导火索一般是指在具体施虐行为中导致欺凌行为未能像往常一样"正常顺利"进行，而使受欺凌者有机会得以"逆化"成功实施犯罪行为。比如，何某偷偷准备的小刀，以及白某长期成功的欺凌经验让她麻痹大意，从而形成的一种压根不相信何某敢动刀的心态。所以最终"恶逆化"发生，惨案酿成。挑衅行为之所以能导致被欺凌者"恶逆化"，从主观因素分析，来自欺凌者和受欺凌者两个方面，是两者共同导致最后的危害结果。来自欺凌者的主观因素首先起作用。由于引发"恶逆化"发生的最近一次欺凌行为过于恶劣或者已然达到被欺凌者容忍的临界点，从而成为引发后续被欺凌者反击行为的情绪引导。而基于以往欺凌行为是"家常便饭"的心态，欺凌者仍不依不饶地继续实施侵害行为。本案中，白某还把脖子伸过去继续挑衅何某，这就共同构成了被欺凌者突发性反抗的导火索。另一方面的主观因素来自受欺凌者，也就是"恶逆化"者，在受到来自欺凌者不良主观情绪以及自身反抗情绪提升的影响之后，两种完全对立的主观情绪共同引发了后续的"逆化"行为。

所以，提醒广大读者：在遇到欺凌挑衅的时候，避其锋芒，避免正面冲突，保证自己的安全为第一要务。首先，应当及时向老师求助，避免当时就受到侵害；其次，遇到欺凌威胁的时候，及时向家长反馈，引起家长重视，避免威胁转化为实害，宁可信其有，不可信其无，提前做好预防工作；最后，不要害怕报复就拒绝交流，否则欺凌会越来越多，欺凌者通常倾向于"挑软柿子捏"。只要与同学、家长、老师多沟通交流，就能缓解心中的压力，也能寻求多方面帮助，更好地解决复杂的校园欺凌问题。

三、 判决中法理和情理的综合考量

法院将何某的行为认定为故意伤害罪（致人死亡）。法院认为何某购买小刀是出于防身，事前并没有杀人的故意，之所以动刀是受到白某的刺激。考虑被害人的先行行为，认定何某的行为系情绪失控之后的故意伤害是比较妥当的。故意杀人罪与故意伤害罪致人死亡在一般情况下其实不难区分，主要不同在于行为人主观上是否具有非法剥夺他人生命的故意。若只有伤害的故意，则是故意伤害罪致人死亡。本案中，法院认为何某不具备杀人的故意，且不符合防卫的成立条件，所以认定其具有伤害的故意。死亡的结果并不是何某所希望看到的，司法实践中并不是纯粹根据结果来定性行为。这个案件中有死亡结果，但是法院并不认为这个结果是何某所追求的，这个结果是因为客观行为导致的，而不是主观故意，所以认定为故意伤害致人死亡，死亡属于过失结果。换言之，如果另外一个案件，如果证据能够证明加害人具有杀人的故意，那么即使被害者幸免于难，没有死亡，还是会认定为故意杀人罪，只是认定为未遂形态，比照既遂从轻或减轻处罚。在司法实践中，要区分究竟是故意杀人罪还是故意伤害罪，既要从被害人与加害人的关系、事件起因、过程来判断，还要从作案手法、使用工具、作案时间、地点、环境条件，突发情况等综合分析判断。人身危险性是指基于犯罪嫌疑人人身因素可能给社会带来的危险，是犯罪人和潜在犯罪人的人身特征，强调其再次犯罪的可能性，属于行为人本身的特征，与社会危害性这一犯罪的客观特征不同。人身危险性与社会危害性不一定成正比，其受环境、性格等一些列因素影响，社会危害性大的犯罪中行为人未必人身危险性就大，"恶逆变"就是很好的例子。在"恶逆化"案件中，被害人都是存在严重过错的一方，这就使得行

为人的应受谴责性大大降低。可以说，没有校园欺凌，何某应该享受丰富多彩的校园生活，而并非在监狱里接受教育和改造。从某种意义上说，"恶逆化"的行为，尤其是何某这种激情反应的行为在情理之中，法理之外。意大利著名刑法学家贝卡里亚指出："刑法如果超过了保护集存的公共利益这一需要，它本质上就是不公正的。"刑罚作为公权力维护秩序的一种手段必须在合理的尺度之内行使，才能保证社会的公正。刑法在保护法益的同时，也要保障人权。法院对何某的判决是合理的，这正是报应主义和功利主义并重的理念，是公平、正义之所在。

🦉 法律小课堂

（一）故意杀人罪与故意伤害罪

故意伤害罪与故意杀人罪的区别的关键在于责任形式及故意内容不同：故意伤害罪要求行为人具有损害他人身体健康的故意，而并无剥夺他人生命的故意；而故意杀人罪的故意内容是非法剥夺他人的生命。故意是行为人对自己行为导致的危害社会结果的一种主观心理态度，与之相对的是过失。只有行为人基于故意或过失实施的危害社会行为才会被追究刑事责任，这就是主客观相统一原则。如果仅仅因为行为人客观上造成了他人死亡结果就认定其构成故意杀人罪，那是"客观归罪"，不符合罪刑法定原则。

——《中华人民共和国刑法》

第二百三十二条　故意杀人的，处死刑、无期徒刑或者十年以上有期徒刑。情节较轻的，处三年以上十年以下有期徒刑。

第二百三十四条　故意伤害他人身体的，处三年以下有期徒刑、拘役或者管制。

犯前款罪，致人重伤的，处三年以上十年以下有期徒刑；致人死亡或者以特别残忍手段致人重伤造成严重残疾的，处十年以上有期徒刑、无期徒刑或者死刑。本法另有规定的，依照规定。

（二）刑事责任年龄

——《中华人民共和国刑法》

第十七条　已满十六周岁的人犯罪，应当负刑事责任。

已满十四周岁不满十六周岁的人，犯故意杀人、故意伤害致人重伤或者死亡、强奸、抢劫、贩卖毒品、放火、爆炸、投放危险物质罪的，应当负刑事责任。

已满十四周岁不满十八周岁的人犯罪，应当从轻或者减轻处罚。

因不满十六周岁不予刑事处罚的，责令他的家长或者监护人加以管教；在必要的时候，也可以由政府收容教养。

（三）从轻与减轻

——《中华人民共和国刑法》

第六十二条　犯罪分子具有本法规定的从重处罚、从轻处罚情节的，应当在法定刑的限度以内判处刑罚。

第六十三条　犯罪分子具有本法规定的减轻处罚情节的，应当在法定刑以下判处刑罚；本法规定有数个量刑幅度的，应当在法定量刑幅度的下一个量刑幅度内判处刑罚。

犯罪分子虽然不具有本法规定的减轻处罚情节，但是根据案件的特殊情况，经最高人民法院核准，也可以在法定刑以下判处刑罚。

（四）犯罪故意与犯罪过失

——《中华人民共和国刑法》

第十四条　明知自己的行为会发生危害社会的结果，并且希望或者放任这种结果发生，因而构成犯罪的，是故意犯罪。

故意犯罪，应当负刑事责任。

第十五条　应当预见自己的行为可能发生危害社会的结果，因为疏忽大意而没有预见，或者已经预见而轻信能够避免，以致发生这种结果的，是过失犯罪。

过失犯罪，法律有规定的才负刑事责任。

第十六条　行为在客观上虽然造成了损害结果，但是不是出于故意或者过失，而是由于不能抗拒或者不能预见的原因所引起的，不是犯罪。

校园欺凌不只发生在学生之间

2013年11月9日，黑龙江某中学发生一起校园暴力事件，学校保安夏某打了14岁学生刘某之后，刘某又找来外校学生将夏某打了。据刘某母亲讲，当晚，她得知儿子惹事后，便把刘某抓了回来。刘某跟母亲说，当时他的同学被班主任老师留下，他去给那同学送东西时，无缘无故被在场的学校保安夏某踢了一脚。他骂了夏某，夏某将其拽进洗手间殴打，并将他的头往墙上撞。刘某夺路而逃，在楼梯口处夏某追上他又来一脚，恰巧被学校有关负责人看见并予以制止。事后，刘某找来伙伴把夏某打了一顿。当晚被打后，夏某去派出所报案，经市公安医院验伤，其颈椎骨折，已住院治疗。①

一、 案件民事责任问题分析

本案既是一起学校责任事故案，又涉及学生

---

① 案例改编自《2018年校园暴力案例范文精选案例44》，载爱扬教育网：http：//mip. aiyangedu. com/JiaoYuXinWen/665340. html，于2019年3月17日。

暴力殴打教职员工的法律问题。学校保安夏某殴打学生刘某致其受伤不属于学校责任事故。学校责任事故，是指由于学校疏忽或过失，未尽到相应教育管理与保护的职责而造成的学生伤害事故。学校保安是学校的职工，负有维护学校秩序和保障学生安全的职责。但夏某无故殴打学生刘某，显然是个人的故意行为，而非作为学校员工履行职责过程中的过失行为，故不属于学校责任事故。因为夏某的打人行为不属于履行校园安保职责，或执行校园安保任务，因此本案不应属于学校责任事故范围。如果夏某在校园里巡逻期间，发现刘某有不当行为而上去教育，刘某不听其劝告，继续实施违反学校纪律的行为，结果夏某将刘某打伤，那么就属于学校责任事故，赔偿责任应该由学校负担。据案情来看，刘某是因正当理由，即老师留堂导致出校较晚，夏某的不满显然不能成为其教育刘某的正当理由，且夏某的殴打行为也不属于合理的教育行为。当然将这排除于学校责任事故之外并不意味着受害人就不能获得赔偿，只是将这个责任转移到了夏某个人身上，即如果刘某诉诸法律要求赔偿，只能直接要求夏某赔偿。《中华人民共和国未成年人保护法》第60条规定："违反本法规定，侵害未成年人的合法权益，其他法律、法规已规定行政处罚的，从其规定；造成人身财产损失或者其他损害的，依法承担民事责任；构成犯罪的，依法追究刑事责任。"因此对于夏某无缘无故将刘某打伤的行为，夏某应当承担相应的民事责任。如果夏某将刘某打成重伤，依法应当追究其刑事责任。从本案具体情况来看，夏某行为还没有达到刑事立案标准，公安机关可以根据《中华人民共和国治安管理处罚法》给予其行政处罚。

二、 案件刑事责任问题分析

关于学生刘某纠集同伴将保安夏某殴伤的行为的定性。根据

《刑法》有关规定，学生刘某的行为已构成故意伤害罪。故意伤害罪，是指故意非法损害他人身体健康的行为。其构成要件有四：其一，主体为自然人一般主体；其二，客体是他人的身体健康；其三，主观方面是故意；其四，客观方面表现为行为人实施了非法损害他人身体健康的行为。另外根据《刑法》的规定，行为人实施犯罪行为时已满 16 周岁时，应当对所有犯罪行为负刑事责任；已满 14 周岁不满 16 周岁的人，犯故意杀人、故意伤害致人重伤或死亡、强奸、抢劫等暴力犯罪的，应当负刑事责任。学生刘某纠集同伙将保安殴打致伤的行为，如果是轻伤，因其不具有刑事责任能力将不负刑事责任。根据《刑法》第 95 条的规定，重伤是指使人肢体残疾或者毁人容貌，使人丧失听觉、视觉或者其他器官机能的以及其他对于人身健康有重大伤害的。对于本案而言，刘某等人将夏某打伤致其颈椎骨折，是否符合刑法上的重伤标准？这需要根据司法鉴定机构出具的鉴定意见认定，才能确定学生刘某是否应当承担刑事责任。如果不构成重伤，就不应追究刘某的刑事责任。即使构成重伤追究刘某刑事责任，根据法律规定，量刑上也应对他从轻或减轻处罚。根据《刑法》第 17 条的规定，已满 14 周岁不满 18 周岁的人犯罪，应当从轻或者减轻处罚。刘某已年满 14 周岁，符合该条法律的规定。这是处罚刘某的标准。但对于刘某纠集同伙的处罚有可能不一样，如果这些同伙已满 16 周岁，对他们定罪就不需要达到重伤的标准，即使对夏某造成轻伤也要追究其刑事责任。

🦉 法律小课堂

（一）故意伤害罪

——《中华人民共和国刑法》

第二百三十四条　故意伤害他人身体的，处三年以下有期徒刑、拘役或者管制。

犯前款罪，致人重伤的，处三年以上十年以下有期徒刑；致人死亡或者以特别残忍手段致人重伤造成严重残疾的，处十年以上有期徒刑、无期徒刑或者死刑。本法另有规定的，依照规定。

（二）未成年人损害赔偿请求权

——《中华人民共和国未成年人保护法》

第六十条　违反本法规定，侵害未成年人的合法权益，其他法律、法规已规定行政处罚的，从其规定；造成人身财产损失或者其他损害的，依法承担民事责任；构成犯罪的，依法追究刑事责任。

——《中华人民共和国侵权责任法》

第六条　行为人因过错侵害他人民事权益，应当承担侵权责任。

校园暴力事件引发的犯罪

　　2012 年的某日下午放学后，被告人小风在某中学九年级四班教室内与同班同学小天因纠纷发生肢体冲突，在冲突过程中小风顺手拿起教室内的一把木头凳子砸向小天头部，造成被害人小天颅骨凹陷性骨折。经鉴定，小天的伤情为重伤。案发后，被告人小风的父亲已赔偿被害人医疗费共计人民币 81000 元，另校方赔偿医疗费 44000 元，小天及其家属对小风的伤害行为表示谅解。

　　福州市晋安区法院少年庭经审理认为，被告人采用暴力手段故意伤害他人身体，致人重伤，其行为已构成故意伤害罪。被告人在作案时年龄未满 16 周岁，庭审中自愿认罪，具有自首情节，其家属积极赔偿被害人经济损失，并得到被害人谅解，且当地司法局对被告人作出符合社区矫正的评估意见，具备缓刑帮教条件，依法予以减轻处罚并适用缓刑。根据被告人的犯罪情节及悔罪表现，以故意伤害罪判处被告人小风有期徒刑十个月，缓刑一年。①

---

① 参见最高人民法院公布的发生在校园内的刑事犯罪典型案例（福州）（2015）。

一、 有关未成年人犯罪的刑事政策

案例中的小风和小天因琐事爆发肢体冲突，最终酿成了恶果，一人重伤，一人被判缓刑。近年来，校园里的暴力冲突事件频发，对此要引起我们的重视。

小风虽然构成故意伤害罪（致人重伤），但最终根据其犯罪情节及悔罪表现只被判缓刑，这与我国的未成年人犯罪刑事政策有关。未成年人犯罪的刑事政策是以未成年人为本位，通过教育、感化、挽救未成年人，使其复归社会，促进未成年人的健康成长。未成年人刑事政策蕴含两个方面的内容：对未成年犯罪人实行"教育、感化、挽救"的方针和坚持"教育为主、惩罚为辅"的原则。具体地说，涵括以下三个方面的内容。

首先，坚持教育为主的原则，是指追究未成年犯罪人刑事责任时要将教育放在第一位，通过教育使未成年人认识犯罪行为的社会危害性，并通过相应的教育改造和心理矫治等，破除犯罪心理，成为守法公民。所谓教育是指对违法犯罪的未成年人进行思想教育、道德教育、法制教育和职业技术教育等，使其树立正确的世界观、人生观价值观，认识到法律的权威性，树立法制观念，成为守法公民。教育强调外在条件的感化，即从心灵深处唤醒人性的良知。感化教育的实施包括三项内容：生产技能之磨练，养成少年人将来独立经营生计之能力；道德判断之教养，养成其正确判断是非善恶之能力；道德品性之陶冶，养成其趋善避恶努力向上之品性。这要求司法机关工作人员在办理未成年人刑事案件时，充分考虑未成年犯罪人的生理、心理特征，在办案过程中对其进行有针对性的教育，并动之以情，找到心灵的触碰点，使其迷途知返。

其次，坚持惩罚为辅的原则，是指在坚持以教育为主的同时，以必要的惩罚作为辅助手段，在查明犯罪事实的基础上，依据刑事法律，使未成年犯罪人承担相应的刑事责任。所谓惩罚，是指利用法律规定的手段对未成年人犯罪行为进行惩治，形成社会威慑力量。惩罚措施包括刑罚处罚和非刑罚处罚措施。惩罚的目的是为了使未成年犯罪人吸取教训，改过自新，提高法制观念，进行再社会化。惩罚是达到教育、感化、挽救的辅助手段，服务于教育、感化、挽救的目的。

最后，教育与惩罚是相辅相成的关系，教育是目的，惩罚是手段，惩罚是为教育服务的。教育和惩罚的最终目的是为了感化和挽救犯罪的未成年人，预防和减少未成年人犯罪。其中，感化是指关心、帮助、感染违法犯罪的未成年人，使其认识到自己所实施的违法犯罪行为的社会危害性从而痛改前非，重新做人。挽救是指在诉讼过程中，司法工作人员依照法律和政策所进行的促使违法犯罪的未成年人认罪服法、重新做人的各项工作。教育和惩罚是预防未成年人犯罪所采用的两种不同性质的方法，二者相辅相成，形成一个张力结构，需要保持平衡。

总之，我国未成年人犯罪刑事政策具有科学性，其核心内容是以必要的惩罚为手段，通过教育帮助以感化未成年犯罪人，达到挽救未成年犯罪人的目的。

二、 关于未成年人的司法保护

由于未成年人主体的特殊性，无论作为受害者或施害者都会受到特殊的司法保护，主要体现在以下几个方面。

第一，未成年人的合法权益受到侵害，依法向人民法院提起诉讼的，人民法院应当依法及时审理，并充分考虑未成年人生理、心理特点和健康成长的需要，保障未成年人的合法权益。在司法活动中对需要法律援助或者司法救助的未成年人，法律援助机构或者人民法院应当给予帮助，依法为其提供法律援助或者司法救助。

第二，对违法犯罪的未成年人，实行教育、感化、挽救的方针，坚持教育为主、惩罚为辅的原则。对违法犯罪的未成年人，应当依法从轻、减轻或者免除处罚。

第三，公安机关、人民检察院、人民法院办理未成年人犯罪案件和涉及未成年人权益保护案件，应当照顾未成年人身心发展特点，尊重他们的人格尊严，保障他们的合法权益，并根据需要设立专门机构或者指定专人办理。

第四，公安机关、人民检察院讯问未成年犯罪嫌疑人，询问未成年证人、被害人，应当通知其监护人或其他合适成年人到场。公安机关、人民检察院、人民法院办理未成年人遭受性侵害的刑事案件，应当保护被害人的名誉。

第五，对羁押、服刑的未成年人，应当与成年人分别关押。羁押、服刑的未成年人没有完成义务教育的，应当对其进行义务教育。解除羁押、服刑期满的未成年人的复学、升学、就业不受歧视。

第六，对未成年人犯罪案件，新闻报道、影视节目、公开出版物、网络等不得披露该未成年人的姓名、住所、照片、图像以及可能推断出该未成年人的资料。

三、 缓刑的适用条件

案例中的小风被判处有期徒刑十个月，缓刑一年。缓刑是一种对犯罪分子不予关押而使其在社会中改造的刑罚执行制度。它被西方学者誉为短期自由刑替代措施的最佳方案。缓刑制度创设的目的旨在使缓刑犯在社会组织或机构的帮助教育下，不关押即得到改造，从而实现预防犯罪的目的。适用缓刑必须符合两个条件：（1）被判处拘役，或者三年以下有期徒刑。这说明，罪行比较轻微的人，才能适用缓刑；判处重刑的罪犯，不能适用缓刑。（2）犯罪分子确有悔改表现，法院认定不关押也不至于再危害社会的。以上两个条件缺一不可。

未成年犯多受社会不良影响和诱惑走上犯罪，通常是偶犯、初犯，且可塑性强，易于改造，应以教育为主。各国对于未成年犯都有特殊保护措施，我国也不例外。未成年人身心发育尚未成熟，因为犯罪对其进行惩罚不是主要目的，重心在于通过惩罚、感化、教育、挽救使其不再犯罪、改过自新。那么，对于一些犯罪手段简单，主观罪过不深的未成年犯，适用缓刑后，应当多给予其关怀、教育，使其在学校、家庭或工作岗位上接受考验。

🦉 **法律小课堂**

（一）关于未成年人犯罪的规定

在我国，未满 14 周岁的未成年人犯罪不承担刑事责任，已满 14 周岁未满 16 周岁的未成年只对八种较为严重的犯罪承担刑事责任。已满 16 周岁的人对所犯的全部罪行承担刑事责任，因此我国的未成年人犯罪是指已满 14 周岁而不满 18 周岁的未成年人实施的犯罪。

——《中华人民共和国刑法》

第十七条　已满十六周岁的人犯罪，应当负刑事责任。已满十四周岁不满十六周岁的人，犯故意杀人、故意伤害致人重伤或者死亡、强奸、抢劫、贩卖毒品、放火、爆炸、投放危险物质罪的，应当负刑事责任。已满十四周岁不满十八周岁的人犯罪，应当从轻或者减轻处罚。

（二）缓刑

——《中华人民共和国刑法》

第七十二条　对于被判处拘役、三年以下有期徒刑的犯罪分子，同时符合下列条件的，可以宣告缓刑，对其中不满十八周岁的人、怀孕的妇女和已满七十五周岁的人，应当宣告缓刑：

（一）犯罪情节较轻；

（二）有悔罪表现；

（三）没有再犯罪的危险；

（四）宣告缓刑对所居住社区没有重大不良影响。

宣告缓刑，可以根据犯罪情况，同时禁止犯罪分子在缓刑考验期限内从事特定活动，进入特定区域、场所，接触特定的人。

被宣告缓刑的犯罪分子，如果被判处附加刑，附加刑仍须执行。

第七十六条　对宣告缓刑的犯罪分子，在缓刑考验期限内，依法实行社区矫正，如果没有本法第七十七条规定的情形，缓刑考验期满，原判的刑罚就不再执行，并公开予以宣告。

第七十七条　被宣告缓刑的犯罪分子，在缓刑考验期限内犯新罪或者发现判决宣告以前还有其他罪没有判决的，应当撤销缓刑，对新犯的罪或者新发现的罪作出判决，把前罪和后罪所判处的刑罚，依照本法第六十九条的规定，决定执行的刑罚。被宣告缓刑的犯罪分子，在缓刑考验期限内，违反法律、行政法规或者国务院有关部门关于缓刑的监督管理规定，或者违反人民法院判决中的禁止令，情节严重的，应当撤销缓刑，执行原判刑罚。

学校如何预防校园暴力事件的发生？

学校可以充分利用教育和信息宣传等优势，通过网络、广播、社团活动等手段和途径开展宣传攻势。鼓励学生在受到不法侵害时，要勇敢揭发，积极寻求外界帮助。同时，学校应积极开设法制教育等课程，聘请法制教导员、法官、家长、警察、心理专家等对学生经常进行演讲、授课，努力培养学生的法律意识，使学生明白通过法律维护自己合法权益和利用法律解决矛盾冲突的道理，并自觉遵守法律、法规，做一个守法的公民。

同学玩闹引发的恶性案件

　　2013 年，在某学校课间休息期间，该校八年级某班学生小卢与同年级某班学生小邓等人将书卷成筒状在操场互相击打玩耍中，被告人小卢被人击打后，拿出随身携带的折叠匕首冲向对方人群并捅刺，不幸刺中小邓的左胸部。小卢见状即搀扶小邓去医院。行至学校门口时，小邓无力行走，被闻讯赶来的邓父和学校老师等人送至市中心医院，小邓经抢救无效死亡。小卢在该医院被民警带走并归案。经法医鉴定，小邓系心脏破裂导致失血性休克死亡。

　　一审法院判决被告人小卢犯故意伤害罪，判处有期徒刑十四年，剥夺政治权利三年。小卢不服提出上诉，二审法院改判原审被告人小卢犯故意伤害罪，判处有期徒刑八年。①

　　一审法院判决认定：被告人小卢在与同学打闹玩耍发生纠纷后，为泄愤逞强，持随身携带的

　　① 改编自最高人民法院公布的发生在校园内的刑事犯罪典型案例（北京）（2015）。

匕首乱舞致一人死亡，其行为构成故意伤害罪，小卢犯罪时系未成年人，案发后有救助被害人的行为，归案后认罪态度较好，依法应当从轻处罚。判决被告人小卢犯故意伤害罪，判处有期徒刑十四年，剥夺政治权利三年；被告人小卢及附带民事诉讼被告人赔偿附带民事诉讼原告人小邓丧葬费、交通费、误工费共计 35897 元；驳回附带民事诉讼原告人的其他诉讼请求。判决作出后，被告人小卢不服提出上诉。

二审法院经审理认为，原审被告人小卢在与同学打闹玩耍发生矛盾后，持随身携带的匕首捅刺致被害人死亡的行为构成故意伤害罪，应依法处罚。但犯罪时系未成年人，对其应当从轻或者减轻处罚。案发后小卢即扶被害人欲到医院救治，在学校老师及被害人家长送被害人到医院时，小卢亦一同到医院，在知道学校已报案的情况下仍在医院等候，主动将自己置于司法机关的控制之下，归案后亦如实供述犯罪事实，小卢的行为构成自首，可以从轻或者减轻处罚。综合考察原审被告人小卢的犯罪手段、情节、后果，并结合其系已满十四周岁未满十六周岁的未成年人，有自首情节，认罪、悔罪，其亲属在二审期间积极赔偿被害人亲属经济损失并取得谅解，可对其减轻处罚。原判认定的事实清楚，证据确实充分，定罪准确，审判程序合法，但量刑不当。因此改判原审被告人小卢犯故意伤害罪，判处有期徒刑八年。

本案属典型的校园暴力犯罪案件，犯罪嫌疑人案发时已满十四周岁不满十六周岁，为泄愤逞强，刺伤被害人，主观恶性较小，但犯罪后果严重，犯罪嫌疑人的伤害行为不仅导致了被害人死亡，也对被害人家属造成了巨大的痛苦和经济损失。我国法律一方面不仅要惩罚犯罪，保护受害人，另一方面为确保对未成年犯罪嫌疑人、被告人的教育、挽救和改造，设置了从轻、减轻、免除处罚等相关规定，旨在给未成年犯罪嫌疑人、被告人改过自新的机会。

一、 校园暴力中的刑事责任

2016 年 5 月，最高人民法院对 2013—2015 年各级人民法院审结生效的 100 件校园暴力刑事案件的梳理显示，故意伤害罪占比最大，为 57%，故意杀人罪占 6%，而聚众斗殴仅占 2%。由此可见，校园暴力呈现向严重暴力犯罪演变的趋势。

校园暴力很多时候发生在同学间因学习或生活琐事看不顺眼而产生的挑衅生事、辱骂、互殴、群殴等行为，有可能触犯的罪名通常包括过失致人死亡罪（《刑法》第 233 条），故意伤害罪（《刑法》第 234 条），过失致人重伤罪（《刑法》第 235 条），非法拘禁罪（《刑法》第 238 条），侮辱罪（《刑法》第 246 条），聚众斗殴罪（《刑法》第 292 条），寻衅滋事罪（《刑法》第 293 条），组织、领导、参加黑社会性质组织罪（《刑法》第 294 条）等。

同时，同学间以保护、借钱为名向同学勒索财物或以其他不正当手段获取财物有可能触犯的罪名包括抢劫罪（《刑法》第 263 条）、盗窃罪（《刑法》第 264、265 条）、抢夺罪（《刑法》第 267 条）、敲诈勒索罪（《刑法》第 274 条）、绑架罪（《刑法》第 239 条）。现在还有些学生认为自己是未成年人，即使犯罪也不用负刑事责任。但实际上，根据《刑法》的有关规定，已满 16 周岁的行为人具有完全刑事责任能力。已满 14 周岁不满 16 周岁的人，犯故意杀人、故意伤害致人重伤或者死亡、强奸、抢劫、贩卖毒品、放火、爆炸、投放危险物质罪的，应当负刑事责任。校园暴力的施害人如达到法定年龄，则法院应对被告人判处刑罚，以维护法律的公平正义。我国《刑事诉讼法》采取国家追诉主义原则，由检察官代表国家向法院提起公诉，不允许当事人之间"私了"后被害人一方"放弃"追究被告人刑事责任。

二、 校园暴力中的民事责任

除了刑事责任以外，行为人因故意或过失侵害他人的人身权和财产权依法应承担损害赔偿责任的民事责任。由侵权行为引发的损害赔偿责任属于民事责任，旨在保护受害人的身体、财产不受不法侵害。

根据《中华人民共和国民法总则》（以下简称《民法总则》）和《最高人民法院关于确定民事侵权精神损害赔偿责任若干问题的解释》有关规定，当9种人格权利遭受不法侵害时可以向人民法院起诉请求赔偿精神损害，包括生命权、健康权、身体权、姓名权、肖像权、名誉权、荣誉权、人格尊严权、人身自由权。被害人因侵权行为致死，其家属因此在精神上受到极大打击，可以依法主张精神损害赔偿，要求侵权人支付抚慰金。精神损害抚慰金包括：致人死亡的，为死亡赔偿金；致人残疾的，为残疾赔偿金；行为人因过失或故意不法侵害他人身体，致使被害人残疾或死亡，根据《民法总则》和相关规定，致被害人残疾的应当赔偿被害人医疗费、伤残生活补助费，致被害人死亡的应当支付丧葬费。

校园暴力的被害人如死亡，就死亡本身而言并无损害赔偿请求权，因为被害人已经死亡，权利能力而随之消灭。因此，被害人的监护人或近亲属不能以被害人尚在人世时可以得到的全部利益为借口，请求侵权人支付高额赔偿。

法律小课堂

（一）故意伤害罪

——《中华人民共和国刑法》

第二百三十四条　故意伤害他人身体的，处三年以下有期徒刑、拘役或者管制。

犯前款罪，致人重伤的，处三年以上十年以下有期徒刑；致人死亡或者以特别残忍手段致人重伤造成严重残疾的，处十年以上有期徒刑、无期徒刑或者死刑。本法另有规定的，依照规定。

（二）人身损害赔偿的民事责任

——《最高人民法院关于审理人身损害赔偿案件适用法律若干问题的解释》

第一条　因生命、健康、身体遭受侵害，赔偿权利人起诉请求赔偿义务人赔偿财产损失和精神损害的，人民法院应予受理。

本条所称"赔偿权利人"，是指因侵权行为或者其他致害原因直接遭受人身损害的受害人、依法由受害人承担扶养义务的被扶养人以及死亡受害人的近亲属。

本条所称"赔偿义务人"，是指因自己或者他人的侵权行为以及其他致害原因依法应当承担民事责任的自然人、法人或者其他组织。

第二条　受害人对同一损害的发生或者扩大有故意、过失的，依照民法通则第一百三十一条的规定，可以减轻或者免除赔偿义务人的赔偿责任。但侵权人因故意或者重大过失致人损害，受害人只有一般过失的，不减轻赔偿义务人的赔偿责任。

适用民法通则第一百零六条第三款规定确定赔偿义务人的赔偿责任时，受害人有重大过失的，可以减轻赔偿义务人的赔偿责任。

第三条　二人以上共同故意或者共同过失致人损害，或者虽无共同故意、共同过失，但其侵害行为直接结合发生同一损害后果的，构成共同侵权，应当依照民法通则第一百三十条规定承担连带责任。

二人以上没有共同故意或者共同过失，但其分别实施的数个行为间接结合发生同一损害后果的，应当根据过失大小或者原因力比例各自承担相应的赔偿责任。

第四条　二人以上共同实施危及他人人身安全的行为并造成损害后果，不能确定实际侵害行为人的，应当依照民法通则第一百三十条规定承担连带责任。共同危险行为人能够证明损害后果不是由其行为造成的，不承担赔偿责任。

第七条　对未成年人依法负有教育、管理、保护义务的学校、幼儿园或者其他教育机构，未尽职责范围内的相关义务致使未成年人遭受人身损害，或者未成年人致他人人身损害的，应当承担与其过错相应的赔偿责任。

第三人侵权致未成年人遭受人身损害的，应当承担赔偿责任。学校、幼儿园等教育机构有过错的，应当承担相应的补充赔偿责任。

第十七条　受害人遭受人身损害，因就医治疗支出的各项费用以及因误工减少的收入，包括医疗费、误工费、护理费、交通费、住宿费、住院伙食补助费、必要的营养费，赔偿义务人应当予以赔偿。

受害人因伤致残的，其因增加生活上需要所支出的必要费用以及因丧失劳动能力导致的收入损失，包括残疾赔偿金、残疾辅助器具费、被扶养人生活费，以及因康复护理、继续治疗实际发生的必要的康复费、护理费、后续治疗费，赔偿义务人也应当予以赔偿。

受害人死亡的，赔偿义务人除应当根据抢救治疗情况赔偿本条第一款规定的相关费用外，还应当赔偿丧葬费、被扶养人生活费、死亡补偿费以及受害人亲属办理丧葬事宜支出的交通费、住宿费和误工损失等其他合理费用。

第十八条　受害人或者死者近亲属遭受精神损害，赔偿权利人向人民法院请求赔偿精神损害抚慰金的，适用《最高人民法院关于确定民事侵权精神损害赔偿责任若干问题的解释》予以确定。

精神损害抚慰金的请求权，不得让与或者继承。但赔偿义务人已经以书面方式承诺给予金钱赔偿，或者赔偿权利人已经向人民法院起诉的除外。

学生之间产生纠纷如何解决？

学生在学校与同学发生冲突纠纷时，首先要学会调整自己的情绪，一定不要冲动、鲁莽。然后试着冷静地思考问题，看自己能否采取正确的方法，独立处理解决好，比如和对方沟通、协商解决问题。最后如果自己想尽办法还是无法解决问题，可以选择寻求外界帮助，向家长和老师求助。切记解决矛盾和冲突的方法有很多，暴力行为是最不可取的一种。希望大家注意安全，珍惜生命，远离校园欺凌。

校园群体斗殴的恶果

被告人小顺因初中时受小鹏（另案处理）欺负便预谋报复。2014 年 8 月初，小顺与小鹏通过 QQ、电话相约斗殴。8 月 20 日 13 时许，小顺携带壁纸刀并纠集李某某等三人（均另案处理），与小鹏纠集的汪某某等两人（均另案处理）在北京市大兴区某餐厅门外附近发生斗殴，造成小顺、小鹏、李某某受伤，经法医鉴定均为轻微伤。

法院经审理认为，被告人小顺无视社会秩序，纠集他人持械聚众斗殴，其行为已构成聚众斗殴罪，依法应予惩处。被告人犯罪时尚未成年，当庭认罪，具有悔罪表现，社区矫正机构提供的社会调查评估报告显示，对其社区矫正不存在重大不良影响，家庭亦愿意接纳并监管。综合考虑小顺行为的社会危害性，法院依法对其减轻处罚，以聚众斗殴罪判处有期徒刑二年，缓刑二年。①

---

① 改编自最高人民法院公布发生在校园内的刑事犯罪典型案例（北京）（2015）。

此案件属于典型的校园犯罪案件，主要诱因是同学间的偶发事件或者日常生活中的"恩怨琐事"，显示出未成年人的纠纷处理能力较弱。中学生正处于青春期，对情绪的控制能力不强，遇事往往容易冲动，找不到解决方法以后就诉诸暴力，想通过简单、粗暴的方式迅速解决问题，平息争端，这是一种极其错误的处理问题的方式。加害人多手持棍棒等凶器，对受害学生不分部位、不计后果攻击，往往造成严重后果。

校园打架斗殴事件屡见不鲜，近年来仍然呈上升趋势。因打架斗殴引起的过失杀人、故意伤害、故意杀人案件也时有发生。校园打架斗殴是校园暴力现象的一种，首先我们要对校园暴力有一个清晰认识。所谓校园暴力是指发生在校园或校园周边地区的通过语言、肢体或器械实施的侵犯他人人身或财产的攻击行为。校园暴力主要有以下特征：（1）发生在校园及周边地区；（2）侵害对象为校园里的人员或财物，包括教师、学生及其财产等，但以学生为主要目标；（3）发生往往极具突发性，容易被学校和家长忽视。

对校园暴力的预防必须是全面且系统的，应构建综合治理体系。狭义来讲，综合治理只包括直接作用于校园暴力犯罪防治工作的方针、政策、制度、手段、措施和方法，主要指有关校园管理的措施等。就广义而言，综合治理可以包括凡是有利于预防和治理校园暴力的一切方针、政策、制度、手段、措施和方法。因此，未成年人犯罪综合治理属于社会治安综合治理的核心内容之一。随着社会治安综合治理的内涵越来越深刻，社会治安综合治理已经逐渐成为社会稳定的量化评定标准，预防未成年人犯罪的核心影响力并没有减弱。伴随着未成年人犯罪在信息网络环境下的增长趋势，未成年人犯罪综合治理这一种颇具中国特色的犯罪治理思路必须得到重视。

一、 聚众斗殴罪的认定

小顺的行为构成聚众斗殴罪，那么该罪与一般的打架斗殴行为有何不同？对此首先要明确聚众斗殴罪的认定标准。聚众斗殴罪是指拉帮结伙，人数一般达三人以上，有聚众斗殴故意的互相殴斗行为。一些情节显著轻微、危害不大的校园打斗行为通常不以聚众斗殴罪犯罪论处。

聚众斗殴通常表现为报复他人、争霸一方或其他不正当动机而成帮结伙地斗殴，往往造成严重后果。对本罪应与客观方面表现为肆意挑衅、无事生非的寻衅滋事罪相区别。对于因民事纠纷引发的互相斗殴甚至结伙械斗，规模不大，危害不严重的，不宜以聚众斗殴罪处理，构成其他罪的以其他罪处理。

"聚众"是指为实施斗殴而聚集三人以上的行为。聚众方式既包括有预谋的纠集行为，也包括临时的纠集行为。"三人以上"既包括首要分子、积极参加者，也包括其他一般参加者。聚众斗殴罪中的首要分子主要起组织、策划、指挥作用，而积极参加者在犯罪活动中协助首要分子拉拢他人、出谋划策，实施犯罪时积极担任主角。本案中的小顺就是聚众斗殴活动中的首要分子，他纠集了其他三人参加斗殴活动。

聚众斗殴犯罪往往同时侵害公民人身权利和公私财产权利。但是，其所侵犯的主要不是特定个人或者特定公私财物，而是通过聚众斗殴行为向社会挑战，从而形成对整体社会秩序的严重威胁。因此，公然藐视法纪和社会公德，破坏公共秩序，就是聚众斗殴罪的本质特征。在小顺的案件中，他纠集多人在公共场所发生械斗，致使多人受伤，已经严重扰乱社会秩序。而且在打架斗殴过程中，使用管制刀具是从重处罚情节。在互相殴打过程中如果稍有不慎，管制刀具等器械会致人重伤、死亡，那么行为人面临的法律责任将更为严厉。

二、《关于防治中小学生欺凌和暴力的指导意见》

2016 年 11 月 1 日，教育部联合中央综治办、最高人民法院、最高人民检察院、公安部、民政部、司法部、共青团中央、全国妇联等部门印发了《关于防治中小学生欺凌和暴力的指导意见》（以下简称《意见》）。《意见》指出，在党中央、国务院的正确领导下，在各级党委政府及有关部门的共同努力下，发生在中小学生之间的欺凌和暴力事件已得到遏制，预防青少年违法犯罪工作取得明显成效。但是，由于在落实主体责任、健全制度措施、实施教育惩戒、形成工作合力等方面还存在薄弱环节，少数地方学生之间欺凌和暴力问题仍时有发生，损害了学生身心健康，造成了不良社会影响，必须加强教育预防、依法惩戒和综合治理，切实防治学生欺凌和暴力事件的发生。

首先，《意见》强调要积极预防学生欺凌和暴力。切实加强中小学生思想道德教育、法治教育和心理健康教育，紧密联系中小学生的思想实际，积极培育和践行社会主义核心价值观，引导全体中小学生从小知礼仪、明是非、守规矩，做到珍爱生命、尊重他人、团结友善、不恃强凌弱，弘扬公序良俗、传承中华美德。认真开展预防欺凌和暴力专题教育，提高学生对欺凌和暴力行为严重危害性的认识，增强自我保护意识和能力，自觉遵守校规校纪，做到不实施欺凌和暴力行为。加强对学校日常安全的管理，建立早期预警、事中处理及事后干预等机制。强化学校周边综合治理，对中小学生欺凌和暴力问题突出的地区和单位，通过通报、约谈、挂牌督办、一票否决权制等方式进行综合治理领导责任督导和追究。

其次，《意见》强调要依法依规处置学生欺凌和暴力事件，保护遭受欺凌和暴力学生身心安全，强化教育惩戒威慑作用，并实施科学有效的追踪辅导。对实施欺凌和暴力的中小学生必须依法依规采取适当的矫治措施予以教育惩戒，既做到真情关爱、真诚帮助，力促学生内心感化、行为转化，又充分发挥教育惩戒措施的威慑作用。对屡教不改、多次实施欺凌和暴力的学生，应登记在案并将其表现记入学生综合素质评价，必要时转入专门学校就读。对构成违法犯罪的学生，根据有关法律法规予以处置，区别不同情况，责令家长或者监护人严加管教，必要时可由政府收容教养，或者给予相应的行政、刑事处罚，特别是对犯罪性质和情节恶劣、手段残忍、后果严重的，必须坚决依法惩处。对校外成年人教唆、胁迫、诱骗、利用在校中小学生违法犯罪行为，必须依法从重惩处，有效遏制学生欺凌和暴力等案事件发生。

最后，《意见》提出应切实形成防治学生欺凌和暴力的工作合力。要加强部门统筹协调，各地应成立防治学生欺凌和暴力工作领导小组，明确任务分工，强化工作职责，完善防治办法，加强考核检查，健全工作机制，形成政府统一领导、相关部门齐抓共管、学校家庭社会三位一体的工作合力。要依法落实家长监护责任，避免家长对孩子放任不管、缺教少护、教而不当。要加强平安文明校园建设，提高学校治理水平，推进依法依规治校，建设无欺凌和暴力的平安文明校园。全社会要共同保护未成年学生健康成长，避免学生欺凌和暴力通过网络新媒体扩散演变为网络欺凌，切实为保护未成年人平安健康成长提供良好社会环境。

法律小课堂

聚 众 斗 殴

聚众斗殴没有造成重伤或死亡后果的，聚众斗殴的参加者，明知行为可能产生严重威胁或破坏社会秩序的危害后果的，应当各自承担相应的刑事和民事责任。参加聚众斗殴受重伤或者死亡的，不构成犯罪的，行为人或近亲属可以向斗殴的对方行为人提起附带民事诉讼。聚众斗殴致人重伤或死亡的，提起的附带民事诉讼适用混合过错责任原则确定赔偿数额。犯故意伤害罪或故意杀人罪的被告人承担全部或主要赔偿责任；依法应当承担相应民事赔偿责任的犯聚众斗殴罪的被告人和其他共同致害人承担次要赔偿责任。同一罪名的共同犯罪被告人之间承担连带赔偿责任。

——《中华人民共和国刑法》

第二百九十二条 聚众斗殴的，对首要分子和其他积极参加的，处三年以下有期徒刑、拘役或者管制；有下列情形之一的，对首要分子和其他积极参加的，处三年以上十年以下有期徒刑：

（一）多次聚众斗殴的；

（二）聚众斗殴人数多，规模大，社会影响恶劣的；

（三）在公共场所或者交通要道聚众斗殴，造成社会秩序严重混乱的；

（四）持械聚众斗殴的。

聚众斗殴，致人重伤、死亡的，依照本法第二百三十四条、第二百三十二条的规定定罪处罚。

家长对于解决校园欺凌问题的作用

家长除了要努力为孩子健康成长创造良好的家庭氛围，还要加强自身修养，严格自身行为，努力学习科学的教育方法，言传身教，以自己良好的待人处世方法为孩子树立学习的榜样。通过有形、无形的日常生活习惯影响孩子的行为准则，以自身的榜样力量感染和熏陶孩子，帮助他们树立起积极、健康、向上的人生志向，远离不良青年，远离校园欺凌。

校园欺凌中的侮辱行为也构成犯罪

2013年4月，被告人林某认为其被陈某辱骂，纠集楼某、黄某（均为未成年女性），到某中学找该校学生陈某（女，未成年）欲行报复，因陈某警觉躲藏，林某等人寻找未果。当天晚上林某通过他人将陈某约出并带到某超市后面的巷子里，林某与楼某先后对被害人实施甩耳光、拉扯头发等殴打行为，致使被害人鼻子流血。此后，林某叫被害人"把衣服脱光"，陈某因害怕哭泣而不敢反抗，遂将衣裤脱光，林某与楼某及在场的另两名女学生对被害人围观取笑。其间楼某使用手机对陈某的裸体拍摄了十余张照片，尔后将照片通过手机蓝牙传送给在场人员。当晚被害人陈某即向公安机关报警并到医院就医。法医鉴定，陈某的鼻部及面部的损伤为钝物伤，伤情为轻微伤。被告人楼某与林某等人得知被害人报警后，将手机中被害人的裸照删除。

法院经审理认为，被告人楼某、林某无视国家法律，伙同他人聚众以暴力方法强制侮辱妇女，其行为已构成强制侮辱妇女罪。法院综合考虑被告人林某、楼某系初犯，作案时均不满十八周岁，主动归案并如实供述犯罪事实，案发后积极赔偿并取得对方谅解，以及案发时在场人员均为女性，被害人裸照被删除，未造成其他恶劣影响等情节，结合司法局建议对被告人适用社区矫正的调查评估意见，决定依法对被告人减轻处罚并适用缓刑。以强制侮辱妇女罪判处林某有期徒刑二年，缓刑二年；判处楼某有期徒刑一年，缓刑一年。①

从法院对楼某和林某的判决可以看出，在未成年人刑事审判中，对其量刑时首先坚持教育和保护的理念。量刑时更多地考虑有利于未成年被告人的改造和成长，在充分考虑未成年人犯罪的社会危害性和未成年被告人人身危险性的基础上，对于一些认罪态度好，有悔改表现的未成年被告人尽量使用较轻的刑罚和刑种；对于一些具有帮教条件、判处非监禁刑不致再危害社会的未成年人犯罪依法适用非监禁刑。

同时在对未成年人犯罪量刑时应正确把握好宽与严的关系，在教育挽救未成年人与打击犯罪之间寻求正当、合理的平衡点。一味强调对未成年被告人量刑处罚的轻缓化并不妥当，还应该考虑未成年被告人的人身危险性及其犯罪行为的社会危害性、被害人的权益。这种片面宽缓的倾向同样非常有害，如果未成年被告人对犯罪、对刑罚缺乏正确的认识，没有得到正确的刑罚矫治前回归社会无异于"放虎归山"，很可能其会再次走上犯罪道路。因此，应做到宽严相济，罚当其罪。在对未成年人犯罪量刑时应重矫正与恢复、重教育与保护，重个别化与轻缓化。对于初犯、偶犯，对于一时冲动实施犯罪、自己又能深刻反省、认罪态度好的未成年人，在

---

① 改编自最高人民法院公布的发生在校园内的刑事犯罪典型案例（四川）（2015）。

其充分认识到自己犯罪行为错误的基础上，一般应当尽可能地适用较轻的刑种和判处较轻的刑期。但对于一些屡教不改，严重滋扰社会、群众反映强烈的未成年被告人，对那些实施严重暴力犯罪、有组织犯罪、主观恶性较大的未成年被告人以及那些常习性的未成年惯犯，必须依法进行严惩。

越来越多的校园欺凌事件也从侧面反映了学校对校园管理和学生安全保障的不足。对于很多校园欺凌事件，学校往往抱着"多一事不如少一事"和"睁一只眼闭一只眼"的态度。后果不是太严重的校园欺凌事件，学校往往不去追究肇事者的责任。结果，学生犯了错误没有承担相应的责任，这在一定程度上纵容了校园欺凌行为。所以近些年来校园欺凌的案件越来越多，手段越来越恶劣，学生所受的伤害也越来越大。

校园欺凌的预防和治理不是一项简单的工程，需要"多管齐下"。其中校园预防的手段应当以教育为基点。教育、帮助未成年人是根本，管理和防范是预防工作中对教育漏洞的补足。校园欺凌大多发生在同学之间，加害人和受害者可能都是未成年人，这就要求以安全为目标的校园治理必须重视教育。即教育在先，惩戒在后；以预防为主，以责任追究为辅。校园欺凌的治理应当倡导以教为主、预防为辅、法律责任为保障的原则。

检视我国时下的中小学法治教育，或者有名无实，或者根本不涉及反校园欺凌和校园暴力内容。参考其他国家反校园欺凌和校园暴力的成功经验，应主动开展以反校园欺凌和校园暴力为内容的、细致易行的法治教育。家庭和社会是未成年学生欺凌行为的学习源和发生源，家庭和社会对预防和矫正未成年学生欺凌行为负有不可推卸的责任。而且学生欺凌现象的防范不能只局限在校园内，而应是学校、家庭、社会三位一体。

法律小课堂

强制猥亵、侮辱妇女罪，猥亵儿童罪

强制猥亵、侮辱妇女罪在客观方面表现为以暴力、胁迫或者其他方法侮辱妇女的行为。所谓暴力，是指对被害妇女的人身采取殴打、捆绑、堵嘴、掐脖子、按倒等侵害人身安全或者人身自由的强暴方法，使妇女不能反抗。所谓胁迫，是指对被害妇女采取威胁、恐吓等方法实行精神上的强制，使妇女不能反抗。所谓其他方法，是指暴力、胁迫以外的其他使妇女无法反抗、不知反抗的手段，例如利用封建迷信进行恐吓、欺骗等。其中，强制猥亵罪的犯罪对象是他人，不限性别。强制侮辱罪的对象是妇女，即已满 14 周岁的女性。如果犯罪对象是不满 14 周岁的未成年人，则不要求使用强制方法，构成猥亵儿童罪。

——《中华人民共和国刑法》

第二百三十七条　以暴力、胁迫或者其他方法强制猥亵他人或者侮辱妇女的，处五年以下有期徒刑或者拘役。

聚众或者在公共场合当众犯前款罪的，或者有其他恶劣情节的，处五年以上有期徒刑。猥亵儿童的，依照前两款的规定从重处罚。

孩子遭受欺凌后可能有的症状和表现①

1. 孩子看起来沮丧或焦虑，却拒绝说发生了什么事。因为欺

---

① Mona O'Moore Stephen James Minton 著：《无霸凌校园——给学校、教师和家长的指导手册》，李淑贞译，台湾五南图书出版公司 2007 年版。

凌者可能会威胁受害者，如果受害者把事情说出去会受到更严重的攻击。

2. 不明的伤口和瘀青。有些孩子会玩肢体接触的运动，这类运动游戏可能会粗鲁地碰撞（尤其是年轻男孩）。不能忽视出现在孩子的脸上、头部和身体上的拳打脚踢的痕迹。

3. 衣服、书本和学校用具莫名被损坏。这可能是被欺凌的表现；有些人的欺凌方式是蓄意破坏受害者的所有物。

4. 学业退步。孩子专注的能力及其自我重视的程度，与他在学校和家里的表现息息相关，因此也关系到他的学业成就。孩子的学业突然退步，常常代表他可能遇到问题，也许与欺凌问题相关，应该深入调查。

5. 要求额外的金钱。有些孩子会被勒索金钱、财物。勒索者也许还会强迫受害人去偷窃（也许是商店或住家）；勒索者这么做不仅可以勒索到更多钱财，同时可以在心理上"控制"受害者。

6. 不愿意去上学。明显的，遭受欺凌的孩子可能不愿意面对欺凌他的人。当然，有些孩子本来就比其他人不喜欢去学校。所以突然不愿意或比以前更不乐意去上学是比较正常的表现。有些学生是在上学或放学途中遭到欺凌。因此，新的"晚到"模式也需要注意。尤其是如果晚到是因为走"新的"路线上学。例如，孩子不像平常一样坐公车去学校（他在公车上遭到欺凌），而选择走路上学，即使走路去学校会让他迟到。

7. 情绪与行为改变。这点可能很难确定，特别是正值青春期的孩子。他的社交圈正快速扩展，而日常的行为越来越受到同学的影响。不过，父母应该注意是否与欺凌问题相关。

8. 自信心与自尊心降低。有许多证据显示一个人自尊自重的程度与他受到欺凌行为的可能性相关。低自尊的孩子表现出来的可能是缺乏自信（特别是在社交方面），缺乏尝试的热忱（特别是新事物），整体而言，要么显得保守胆怯，要么总是虚张声势。当然，有些孩子天生就比其他人安静保守。不过，突然丧失自尊，常常是孩子经历过或正面临压力的症状，父母应该深入探究。

9. 抱怨头痛和胃痛。这些症状可能是真实的，也可能是想象的。如果是佯装的，那是因为像不明确的"疼痛"这类常见症状，也许可以让孩子免去上学（因而免去面对他的攻击者），又免去进一步的检查（看医生）。不过，这些一般性的疼痛也可能是真的。如许多人所知，慢性（意即长期的）心理压力会导致某些生理问题，如头痛和胃痛，长期下来会发展为更严重的情况如胃溃疡。

10. 问题睡眠。这也是心理压力的症状；表现出来的可能是晚上不愿意上床睡觉（伴随早上不愿意起床），一般性的失眠（焦虑的征候），受噩梦所困扰。

校园侵财篇

　　近年来，我国未成年人违法犯罪以财产犯罪为主要类型，手段以偷盗、抢劫、诈骗为主。据调查统计，未成年人财产犯罪呈现团伙性趋势、具有明显的时间规律、女生团伙成员也在不断增多，不过大多数动机较为简单。一些未成年人受拜金主义思潮及贫富两极分化现实的影响，逐渐将不劳而获的思想合理化。再加之信息网络的升级使多种新形式的智能型财产犯罪不断涌现，骗取他人钱财变得更为容易，财产犯罪数量日益增多。少数未成年人爱慕虚荣、贪图生活享受，但又没有经济收入，在不良影视、书刊的刺激和特定人的唆使下，他们不惜铤而走险，实施抢劫等各种形式的财产犯罪。大多未成年人开始实施财产犯罪行为时只是误入歧途，如果能早日发现并合理引导，就能够使他们悬崖勒马，否则会一发不可收拾。因此，提前了解未成年人财产犯罪的基本情况并对其进行教导对减少或制止未成年人违法犯罪有着重大的现实意义。

构成抢劫的行为

　　2014 年 3 月的一天，被告人楚某来到渠县某中学男生初一七班寝室，以语言威胁、恐吓等手段抢走贾某现金 100 元。

　　2014 年 4 月 20 日上午，被告人楚某伙同郭某、雷某（郭、雷在逃）在渠县某中学男生寝室一楼楼梯间以手持甩棍和语言威胁、殴打及搜身等手段，抢走李某现金 114 元，陈某现金 14 元。后三人来到该中学所在镇步行街一网吧对正在上网的该校学生张某，采取木棒殴打和语言威胁、搜身等手段抢走其现金 120 元。

　　被告人楚某犯抢劫罪，判处有期徒刑六年，并处罚金 2000 元（已缴纳），所获赃款予以追缴（已退赃 348 元）。①

　　本案是典型的校园暴力案件，属于侵财施暴类犯罪，犯罪主体和犯罪对象皆是未成年人，而犯罪地点通常在学校周围甚至直接在校园内。本

---

　　① 改编自最高人民法院公布的发生在校园内的刑事犯罪典型案例（四川）。

案的典型还体现在另外一个方面——楚某的三次抢劫行为符合我国《刑法》对抢劫罪规定的几种行为模式。即楚某的第一次抢劫符合"胁迫"方法的要求，第二次和第三次行为符合"暴力"方法的要求。

我国《刑法》规定抢劫罪是使用"暴力、胁迫或其他方法"强行夺取公私财物的行为。抢劫罪的手段行为要求对人实施，并达到足以抑制对方反抗的程度。

1. "暴力"，是指最狭义的暴力

第一，内容为对被害人不法行使有形力，使其不能反抗的行为。包括殴打、捆绑、伤害、禁闭等，还包括故意杀害被害人的情形，即彻底压制对方反抗（同时触犯故意杀人罪）。

第二，行为必须针对人实施（不包括对物暴力）。暴力指向的对象具体包括财物的直接持有者、保管者、有权处分财物的人以及其他妨碍行为人劫取财物的人。

第三，程度要求足以抑制对方的反抗，但不要求事实上抑制了对方的反抗，更不要求具有危害人身安全的性质。

2. "胁迫"，是指最狭义的胁迫

第一，胁迫方式没有限定，包括语言或者动作、手势等。

第二，胁迫内容。刑法理论通说认为胁迫是以当场立即对人使用暴力相威胁，并达到足以抑制对方反抗的程度。因此，以将来实施暴力相威胁的，以及以当场立即实现贬低名誉、毁坏财物等非暴力内容进行威胁的，原则上不成立抢劫罪，可能涉嫌敲诈勒索罪。胁迫者是否真正具有当场的加害意思和加害能力，不影响胁迫的成立，只要其使被害人以为行为人会实现胁迫内容即可。

3. "其他方法"，是指暴力、胁迫之外的其他足以抑制对方反抗的行为

案例中，楚某的第一次抢劫，"以语言威胁、恐吓等手段抢走

贾某现金 100 元"，符合抢劫罪"胁迫"方法的要求，而第二次、第三次以殴打为手段来进行抢劫，则符合抢劫罪"暴力"方法的要求。

法律小课堂

抢劫罪的入罪数额

上述案例中，楚某及其同伙总共仅抢劫 348 元，分到三个人，每人获得的钱更是非常少，然而最后几个人都被判处了数年有期徒刑。这么小的金额，也会构成抢劫罪吗？

与盗窃罪不同，在我国，抢劫罪立法上没有对抢劫金额和情节作限制性规定。这是因为抢劫罪不仅侵犯公私财物所有权，还包括公民人身权利，是侵犯财产罪中危害性最大、性质最严重的犯罪。针对这种严重的犯罪，我国采取零容忍态度。以非法占有为目的，用暴力、胁迫或者其他方法，强行夺取公私财物的行为，就具备了抢劫罪的基本特征，不论抢劫金额多少，都构成抢劫罪。金额的多少只影响刑事责任的大小。

所以在本案中，楚某和同伙劫取他人财物的行为已经完全符合抢劫罪特征。他们不仅夺走了本属于他人的财产，还对他人的肉体与精神造成额外伤害，属于性质极其恶劣的行为。无论违法所得多少金额，都构成抢劫罪。

（一） 抢劫罪

——《中华人民共和国刑法》

第二百六十三条　以暴力、胁迫或者其他方法抢劫公私财物的，处三年以上十年以下有期徒刑，并处罚金；有下列情形之一的，处十年以上有期徒刑、无期徒刑或者死刑，并处罚金或者没收财产：

（一）入户抢劫的；

（二）在公共交通工具上抢劫的；

（三）抢劫银行或者其他金融机构的；

（四）多次抢劫或者抢劫数额巨大的；

（五）抢劫致人重伤、死亡的；

（六）冒充军警人员抢劫的；

（七）持枪抢劫的；

（八）抢劫军用物资或者抢险、救灾、救济物资的。

遇到别人正在遭受校园抢劫时该怎么办？

遇到抢劫，切忌盲目冲动。犯罪分子一般比较凶狠，作为未成年人，头脑发热上前阻止，往往无法制止抢劫，还可能会遭到人身威胁。正确的方法是，迅速到当地公安机关报案或打电话"110"报警。条件允许时录像或拍照保存证据。报案时应尽量提供如下信息：

1. 抢劫的具体时间和地点、不法人员的人数、使用的凶器和交通工具。如果是汽车，应记住汽车的车型、车号、颜色及特殊标记等；如果是自行车，还应提供车子的型号、颜色和特征。

2. 所能记住的不法人员的特征，包括性别、大致年龄、体态胖瘦、身高、相貌特征（五官、脸型、发型等）、口音（是否当地人）、衣着（衣服的颜色类型、新旧程度等），以及其他一些较为明显的特征。

自身遭到校园抢劫应该怎么办？

一旦遭遇抢劫，一定要保持镇定，克服恐惧心理，冷静应对。必须时刻牢记，自己的生命健康永远比携带的财物重要。

1. 如果不法人员是一个人，又没有凶器，可尝试着想办法分散其注意力。如假装看见熟人打招呼，趁不法分子注意力转移，借机逃跑。

2. 如果不法人员是多人，且又带有凶器，则要慎重应对，注意千万不要随便逃离，以免受到伤害。更不要和不法人员硬碰硬地打斗，可按对方要求将自己随身携带的钱物交给抢劫者，以确保自身安全。

3. 如果对方是你的同学，或是你认识的外校学生，要敢于义正词严地指出，他们这样做是违法行为，将向老师或公安机关报告。如果你胆小不敢反抗、不敢说话，对方就会认为你好欺负，会经常向你要钱要物。

4. 遭到不法人员抢劫，如果周围有行人，特别是有警察时，一定要及时呼救，并迅速跑向人群，或暂时到附近单位躲避，并及时打"110"电话报警。

5. 及时报案。作案人得逞后，可能会继续寻找下一个抢劫目标。及时报案并准确描述作案人的特征，就有助于公安保卫部门组织力量布控，抓获作案人。

抢劫罪的八种法定刑升格条件

【案例一】被告人陈某于 2011 年 1 月 21 日下午 2 点多，伙同刘某、卢某（均另案处理）在丰泽区 35 路公交车上，持刀对一名正在前往学校的初中生实施抢劫，后被车上乘客制服并扭送至派出所。法院经审理认定，陈某等人在公共交通工具持刀进行抢劫，该行为已触犯刑法，遂一审判处其有期徒刑十年。①

【案例二】被告人李某在 2013 年 10 月至 12 月期间，先后在新城区同一小学门口，采取暴力手段抢劫小学生 11 起，其中既遂 5 起抢得现金 171.5 元。最终李某被判处有期徒刑十年。②

【案例三】2007 年 11 月 29 日晚，被告人胡某某（19 岁）、陈某某（18 岁）在陈某洪（未成年）家玩闲聊时，胡某某说没钱用了，提出去抢劫摩托车，陈某某和陈某洪当即表示同意。11 月

① 案例改编自《在公共交通工具上抢劫一审获刑十年》，载网易网：http://news.163.com/11/0616/05/76L7N8MH00014AED.html。
② 案例改编自《大学生 11 次抢劫小学生抢得 171 元 被判刑 10 年》，载搜狐新闻网：http://news.sohu.com/20140521/n399859876.shtml。

30 日下午 1 时许，三人拦截被害人摩托车，在其倒地后，胡某某、陈某某继续用铁水管殴打被害人，然后抢走被害人摩托车、手机和现金 300 元后逃离现场，后被害人经抢救无效后死亡。12 月 1 日下午 5 时许，胡某某、陈某某、陈某洪又携带铁水管和刀具等作案工具窜到镇水泥厂对面一养鸡场，对骑摩托车路过的范某实施抢劫。胡某某用刀砍了范某头部一刀，接着与陈某洪用铁水管对范某进行殴打，并抢走范某的摩托车、手机和现金 200 多元后逃离现场。经鉴定，范某的伤情构成重伤。

2008 年 8 月 20 日，韶关市中级人民法院以抢劫罪判处胡某某死刑；以抢劫罪判处陈某某死刑，缓期二年执行；以抢劫罪判处陈某洪有期徒刑八年。①

上述的所有案例，陈某及其团伙、李某和胡某及其团伙因为抢劫皆被判处了十年以上的有期徒刑，甚至是死刑。之所以被判处如此严厉的刑罚，是因为他们的犯罪行为已经符合了抢劫罪的"法定刑升格条件"。所谓"法定刑升格条件"，指的是本来只要判处较轻的刑罚，但是如果符合法律规定的情形，就会升级量刑档次，加重处罚。

我国《刑法》共规定了抢劫罪的八种法定刑升格条件，符合这八种条件，三年以上十年以下有期徒刑的量刑幅度，将会升格为十年以上有期徒刑、无期徒刑和死刑。这八种条件包括：入户抢劫；在公共交通工具上抢劫；抢劫银行或者其他金融机构；多次抢劫或者抢劫数额巨大；抢劫致人重伤、死亡；冒充军警人员抢劫；持枪抢劫；抢劫军用物资或者抢险、救灾、救济物资。在这八种条件

---

① 案例改编自《3 人连续两次抢劫致 1 死 1 伤 主犯获死刑》，载新浪新闻网：http://news.sina.com.cn/s/l/2008-09-09/010516254594.shtml。

中，跟校园安全有关的主要有"在公共交通工具上抢劫""多次抢劫或者抢劫数额巨大""抢劫致人重伤、死亡"这三种。

在案例一中，陈某及其团伙在正在运营的公交车上对一名初中生进行抢劫，符合"在公共交通工具上抢劫"的条件。将这一条件分开剖析，"公共交通工具"要求具有公共性和营运性，包括从事旅客运输的各种公共汽车、大中型出租车、火车、地铁、轻轨、轮船、飞机等，不包含小型出租车、接送职工的单位班车、接送师生的校车等大中型交通工具。"在公共交通工具上抢劫"，既包括在处于运营状态的公共交通工具上对旅客及司售、乘务人员实施抢劫，也包括拦截运营途中的公共交通工具对旅客及司售、乘务人员实施抢劫，但不包括在未运营的公共交通工具上针对司售、乘务人员实施抢劫。

在案例二中，李某多次对附近小学的学生实施抢劫，尽管抢得的财物非常少，但是也被判处了十年有期徒刑。这是因为他的行为已经符合了"多次抢劫或抢劫数额巨大"这个条件中的"多次抢劫"。

那么"多次"具体是多少次呢？根据《最高人民法院关于抢劫、抢夺刑事案件适用法律若干问题的意见》的规定，《刑法》第263条第（4）项中的"多次抢劫"是指抢劫三次以上。这里的"多次抢劫"是包含本数的，即三次也属于多次。这里对"多次"的认定需要以犯罪分子每一次抢劫行为均已构成犯罪为前提，还要综合考虑犯罪故意的产生、犯罪行为实施的时间及地点等因素。对于行为人基于一个犯意实施犯罪的，如在同一地点同时对在场的多人实施抢劫的；或基于同一犯意在同一地点实施连续抢劫犯罪的，如在同一地点连续对途经此地的多人进行抢劫的；或在一次犯罪中对一栋居民楼房中多户居民连续实施入户抢劫的，一般应认定为一次犯罪。前述案例中的，犯罪分子在学校周边，在一定的时间跨度内，基于不同的犯罪故意，实施了超过三起的抢劫案，可以认定为"多次抢劫"。

"多次抢劫或抢劫数额巨大"中的另一项"抢劫数额巨大"的标准如何呢？根据法律规定，"数额巨大"指的是 5000 元以上 2 万元以下；抢劫博物馆、重要文物的，属于抢劫数额巨大。抢劫数额以实际劫到的财物数额为依据。

在案例三中，三名被告人的行为非常严重，造成了被害人一死一重伤的结果，符合"抢劫致人重伤、死亡"的升格条件。这个条件具有三个特征。首先，客观上出现了致被害人重伤、死亡的结果。其次，重伤、死亡的结果是由抢劫的暴力或者其他方法等手段行为所直接造成的，两者之间存在因果关系。最后，行为人对这种严重结果的发生在主观上有过错，一般是过失，但也可以是间接故意，甚至直接故意杀人。

根据 2001 年《最高人民法院关于抢劫过程中故意杀人案件如何定罪问题的批复》，行为人为劫取财物而预谋故意杀人，或者在劫取财物过程中，为制服被害人反抗而故意杀人的，以抢劫罪定罪处罚；行为人实施抢劫后，为灭口而故意杀人的，以抢劫罪和故意杀人罪定罪，实行数罪并罚。因此，抢劫罪中"致人重伤、死亡"行为的主观方面可以是故意。

法律小课堂

抢劫杀人案件的三种情况

第一种，先杀人后抢劫的案件。即事先只有非法剥夺他人生命的目的，而无抢劫他人财物的目的，抢劫财物是在杀人以后对其亲属实施的，或者杀人以后，见财起意又将其财物拿走的案件。基于杀人的故意，实施杀人的行为，构成故意杀人罪，后又基于非法占有被害人财物的故意，实施了抢劫的行为，构成抢劫罪。这两个罪之间没有内在的牵连关系。类似这类案件，应定抢劫罪和故意杀人罪，实行并罚。

第二种，在实施抢劫财物过程中先杀人后劫财的案件。即在抢劫财物过程中，先将财物的所有人、经管人杀死，剥夺其反抗能力，当场劫走其财物，杀人是劫走财物的必要手段。虽杀人在先，劫取财物在后，但都发生在抢劫过程中，而且杀人是劫取购物的必要手段。因此，应定抢劫罪。

第三种，抢劫以后又杀人的案件。即抢劫财物后，为了保护赃物、抗拒逮捕、毁灭罪证，当场又杀人的，或者为杀人灭口而杀死被害人的案件。杀人灭口行为，与抢劫没有内在联系，因此是两个独立的犯罪，应分别定抢劫罪和故意杀人罪，实行并罚。至于抢劫后为了护赃等而当场使用暴力杀人的，应视为抢劫行为的继续，仍只能定为抢劫罪，为护赃而当场行凶杀人，可作为从重处罚情节。

根据上述分析，对于抢劫杀人案件的定性要把握两条：一是杀人是否发生在劫取财物过程中，二是杀人是否为劫取财物的必要手段，是否与劫取财物之间存在目的与手段的内在联系。如果杀人行为发生在劫取过程中，而且是劫取财物的必要手段，应定抢劫罪；如果杀人行为发生在劫取财物过程之外，或者虽与劫取财物过程有联系，但与劫取财物无内在联系，应定故意杀人罪。

抢劫与盗窃

2015 年 7 月 22 日凌晨 4 时许，小 A 以拉门钻入的方式，进入某酒店内，盗得被害人沈某价值人民币 2800 元的黄鹤楼牌香烟 7 条及人民币 1800 元，事后将赃物销赃，所获赃款全部挥霍。同月 28 日凌晨 4 时许，小 A 采取撬门开窗的方式，翻入某副食品店内，盗得被害人付某共计价值人民币 1625 元的各类香烟 27 盒及人民币 800 元。部分赃物被吸食，部分赃物被销赃，所获赃款全部挥霍。2016 年 5 月 23 日凌晨 2 时许，小 A 进入移动手机营业厅后穿过走道进入张某的住所，盗窃卧室抽屉内的现金人民币 13800 万元。2016 年 6 月 3 日凌晨 3 时许，经小 A 提议，伙同他人来到某酒店，撬防盗网进入酒店厨房，切断电源，蒙面后各持一把厨房菜刀前往酒店前台，将前台值班人员卢某控制后，小 A 找寻财物，同伙看管卢某，后两人抢得现金 1800 余元及 16 盒黄鹤楼香烟。经鉴定，上述香烟价值共计人民币 872 元。

法院判决：小 A 犯抢劫罪，被判处有期徒刑二年六个月，并处罚金人民币 3000 元；犯盗窃罪，被判处有期徒刑八个月，并处罚金人民币 2000 元，最终决定执行有期徒刑三年，并处罚金人民币 5000 元。①

抢劫，是指行为人对公私财物的所有人、保管人、看护人或者持有人当场使用暴力、胁迫或者其他方法，迫使其立即交出财物或者立即将财物抢走的行为。所谓"暴力"，是指行为人对被害人的身体实行打击或者强制，较为常见的有殴打、捆绑、禁闭、伤害，直至杀害。"胁迫"是指行为人对被害人以立即实施暴力相威胁，实行精神强制，使被害人恐惧而不敢反抗，被迫当场交出财物或任由财物被劫走。"其他方法"，是指行为人实施暴力、胁迫方法以外的其他使被害人不知反抗或不能反抗的方法。相比之下，盗窃罪的客观方面表现为行为人实施了秘密窃取数额较大的公私财物或者多次盗窃的行为。

与此同时，凡年满 14 周岁并具有刑事责任能力的自然人，均可以成为抢劫罪的主体，但未满 16 周岁的未成年犯罪人不能构成盗窃罪。

在法定刑罚配置上，抢劫罪最高能够被判处死刑，且抢劫罪的量刑起点也相对较高。抢劫罪是暴力性犯罪，是当场以暴力、胁迫或其他方法使受害人交出财物，社会危害性相对较大；而盗窃罪一般表现为秘密窃取公私财物，社会危害性相对较小。一般在案例中当其他构成要件几乎相同时，抢劫罪的刑罚会更高，这也是符合罪刑均衡原则的。

以下表格为抢劫罪和盗窃罪的对比：

---

① 改编自 H 省未成年犯管教所真实案例。

要素	抢劫罪	盗窃罪
负刑事责任的主体	14周岁以上的自然人	16周岁以上的自然人
行为对象	公私财物的所有权	公私财物的所有权
行为方式	以暴力、胁迫或者其他方法强行劫取公私财物	盗窃公私财物，数额较大的，或者多次盗窃、入户盗窃、携带凶器盗窃、扒窃
法定刑	处三年以上十年以下有期徒刑，并处罚金或者处十年以上有期徒刑、无期徒刑或者死刑，并处罚金或者没收财产	处三年以下有期徒刑、拘役或者管制，并处或者单处罚金；数额巨大或者有其他严重情节的，处三年以上十年以下有期徒刑，并处罚金；数额特别巨大或者有其他特别严重情节的，处十年以上有期徒刑或者无期徒刑，并处罚金或者没收财产

在小 A 的案件中，小 A 携带管制刀具恐吓、控制被害人，已经构成了《刑法》抢劫罪的"以暴力、胁迫或者其他方法抢劫公私财物"，因此小 A 已经构成抢劫罪。虽然小 A 盗窃所得数额比抢劫所得数额要高，但小 A 没有伤害到被害人，因此小 A 因抢劫所判处的刑罚比盗窃所判处的刑罚重很多。对小 A 判处的刑罚是法官根据罪刑法定原则的正当、合理裁决。由于抢劫罪的社会危害性较大，对犯罪的预防也更为必要，因此抢劫罪的量刑更为严厉，这是符合刑法规定的。

法律小课堂

——《中华人民共和国刑法》

第十七条　已满十四周岁不满十六周岁的人，犯故意杀人、故意伤害致人重伤或者死亡、强奸、抢劫、贩卖毒品、放火、爆炸、投放危险物质罪的，应当负刑事责任。

第二百六十三条　以暴力、胁迫或者其他方法抢劫公私财物的，处三年以上十年以下有期徒刑，并处罚金；有下列情形之一的，处十年以上有期徒刑、无期徒刑或者死刑，并处罚金或者没收财产：

（一）入户抢劫的；

（二）在公共交通工具上抢劫的；

（三）抢劫银行或者其他金融机构的；

（四）多次抢劫或者抢劫数额巨大的；

（五）抢劫致人重伤、死亡的；

（六）冒充军警人员抢劫的；

（七）持枪抢劫的；

（八）抢劫军用物资或者抢险、救灾、救济物资的。

第二百六十四条　盗窃公私财物，数额较大的，或者多次盗窃、入户盗窃、携带凶器盗窃、扒窃的，处三年以下有期徒刑、拘役或者管制，并处或者单处罚金；数额巨大或者有其他严重情节的，处三年以上十年以下有期徒刑，并处罚金；数额特别巨大或者有其他特别严重情节的，处十年以上有期徒刑或者无期徒刑，并处罚金或者没收财产。

严禁携带管制刀具

管制刀具存在着一定危险性，行为人会由于过失伤及自己或他人。未成年人也可能会因携带管制刀具，被不法分子利用，沦为帮助他人犯罪的工具，危害公共安全。有的人由于携带管制刀具而助长其逞强好胜的心理，一旦与他人发生冲突，随身携带的管制刀具很可能成为实施犯罪的工具。制止未成年人携带管制刀具，既是预防犯罪的需要，也是防止犯罪进一步严重化的必要。因此，未成年人绝对不能携带管制刀具。

共同犯罪如何判刑

2013年6月21日晚9时许，女青年徐某与朋友胡某等人驾驶摩托车在外玩耍，几名男青年围了上来，二话不说上前就是一顿拳头，抢走了摩托车及2部手机。

6月26日凌晨，王某、徐某遭到5名男子的抢劫。歹徒将王某打倒在地，用脚狠踩，还用石头猛砸。徐某则被勒脖子还被扇耳光。5名歹徒抢走了800多元现金、银行卡、手机等物。

7月4日凌晨5时，女青年林某驾驶摩托车载男友杨某回家时，被4名男子拦住去路，持摩托车防盗锁不分青红皂白地迎头打来，当场被抢走了摩托车、手机等物。

7月10日零时许，张某和女友陈某在聊天时，4名男子现身近前，用水果刀架在他们脖子上，抢走了100元现金、手机2部及1辆红色摩托车。

7月14日零时许，黄某和女友罗某在草地聊天时，4名男子突然窜到该处，动手殴打黄某并抢走140元。当这伙人继续对罗某实施抢劫时，黄某高声呼救。正在附近巡逻的金园派出所民警闻声赶到现场，在民众的大力协助下，抓获犯罪嫌疑人赵某、付某、王某，另一歹徒趁乱逃脱。①

在这些案件中都存在着共同犯罪。首先，各共同犯罪人所实施的行为都是犯罪行为，他们之中的每一个人都实行了抢劫行为。其次，各个共同犯罪人的行为是由一个共同的犯罪目标联系在一起的，形成了一个有机联系的犯罪活动整体，他们一起相互"配合""合作"才完成了犯罪行为。再次，各共同犯罪人的行为都与犯罪结果具有因果关系，他们的行为都直接导致了犯罪结果的发生。最后，各共同犯罪人具有共同的犯罪故意。行为人之间通过意思联络，清楚明白自己在做什么，要做什么，认识到他们的共同犯罪行为会发生什么样的结果，并决意参加这种行为，具有放任甚至是希望犯罪结果发生的心理状态。所以，这个案件的犯罪嫌疑人之间已构成共同犯罪。

不过，在共同犯罪中也区分主犯、从犯、胁从犯、教唆犯，按照他们各自的行为和在共同犯罪中所起的作用根据法律规定分别定罪处罚。所以无论如何，不要因为胁迫、被教唆或者跟随去做违法的事。在面对诱惑时要坚决抵制，在面对教唆时要坚持自己的原则不动摇。

法律小课堂

共 同 犯 罪

共同犯罪分为一般共犯和特殊共犯即犯罪集团两种。一般共犯

---

① 案例改编自《汕头警方端掉特大抢劫团伙　19 名犯罪嫌疑人落网》，载新浪网：http//news. sina. com. cn/012006-08-22/04069811453s. stml，2018 年1 月 29 日访问。

是指二人以上共同故意犯罪，而三人以上为共同实施犯罪而组成的较为固定的犯罪组织，是犯罪集团。

组织、领导犯罪集团进行犯罪活动的，或者在共同犯罪中起主要作用的，是主犯。对组织、领导犯罪集团的首要分子，按照集团所犯的全部罪行处罚。除此之外的主犯，应当按照其所参加的或者组织、指挥的全部犯罪处罚。共同犯罪人除主犯、从犯、胁从犯之外，还有教唆他人犯罪的教唆犯。

——《中华人民共和国刑法》

第二十五条　共同犯罪是指二人以上共同故意犯罪。

二人以上共同过失犯罪，不以共同犯罪论处；应当负刑事责任的，按照他们所犯的罪分别处罚。

第二十六条　组织、领导犯罪集团进行犯罪活动的或者在共同犯罪中起主要作用的，是主犯。

三人以上为共同实施犯罪而组成的较为固定的犯罪组织，是犯罪集团。

对组织、领导犯罪集团的首要分子，按照集团所犯的全部罪行处罚。

对于第三款规定以外的主犯，应当按照其所参与的或者组织、指挥的全部犯罪处罚。

第二十七条　在共同犯罪中起次要或者辅助作用的，是从犯。

对于从犯，应当从轻、减轻处罚或者免除处罚。

第二十八条　对于被胁迫参加犯罪的，应当按照他的犯罪情节减轻处罚或者免除处罚。

第二十九条　教唆他人犯罪的，应当按照他在共同犯罪中所起的作用处罚。教唆不满十八周岁的人犯罪的，应当从重处罚。

如果被教唆的人没有犯被教唆的罪，对于教唆犯，可以从轻或者减轻处罚。

出门在外要谨慎，路遇歹徒要小心

夜间尽量不要一个人出门，如果确有必要，一定要多人结伴出行。出门在外千万不要走偏僻静谧的小路，尽量走人多的大马路，在人少的地方如果有人在身后尾随要与身后的人保持距离，并时刻做好求救的准备。在遇到危险时要第一时间大声呼救，向周围的人求救的同时也可以吓跑意图不轨的人。

如果真的被人抢劫或者遭遇其他不法袭击，一定要沉着冷静，不要慌张，想好应对措施，如果只是索要钱财尽量满足歹徒的要求，在实力悬殊时千万不要单枪匹马与歹徒进行搏斗，但在离开歹徒后要第一时间报警，防止歹徒进一步地侵害。

什么是抢夺罪?

2016 年 1 月 20 日，河北省男青年张某（18岁）在本市北辰区刘某经营的一家通信商店内，以看手机为由抢走两部手机。经鉴定，被抢手机价值人民币 4200 元。2016 年 4 月 14 日，张某被公安机关抓获归案。在案件侦查期间，张某赔偿了刘某经济损失并取得谅解。

北辰区人民法院经审理，认定张某的行为已构成抢夺罪，依法判处其拘役六个月，缓刑八个月，并处罚金 8000 元。①

根据《刑法》第 267 条的规定，抢夺罪，是指以非法占有为目的，乘人不备，公开夺取数额较大公私财物的行为。抢夺罪是介于盗窃罪与抢劫罪之间的一种犯罪形态。

关于抢夺罪，可以从以下几个方面进行理解：

（1）抢夺行为，是指乘人不备，出其不意，公然对财物行使有形力，使他人来不及抗拒，而

---

① 案例改编自《进店"看手机"，拿到手就跑——涉案男子被判抢夺罪》，载《天津晚报》2017 年 7 月 4 日。

取得数额较大的财物的行为。抢夺行为必须公然进行，但不是指必须在不特定人或多数人面前实施抢夺行为。而是指公开夺取财物，或者说在被害人当场可以得知财物被抢的情况下实施抢夺行为。

第一，对象是他人紧密占有的财物。通常指与身体部位直接或者间接接触的财物。

第二，抢夺行为方式为直接夺取他人紧密占有的财物。包括对人暴力（如果达到足以抑制对方反抗的程度，则成立抢劫罪）与对物暴力（即突然夺取，包括乘人不备而突然夺取，或者在他人来不及夺回时而夺取，或者制造他人不能夺回的机会而夺取）。

第三，不要求在不特定人或者多数人面前实施，完全可能在仅有行为人和被害人的场合实施。

第四，抢夺行为的本质至少要求具有导致被害人伤亡的一般可能性。

第五，数额较大或者多次抢夺才成立犯罪。其中"多次抢夺"指2年内3次以上。"数额较大"，按照司法解释，通常指1000元以上3000元以下，另外，"其他严重情节"包括抢夺行为导致他人重伤或者引起他人自杀的情形；"其他特别严重情节"包括抢夺行为导致他人死亡的情形。

（2）主观方面为故意，并要求行为人具有非法占有目的。

（3）法律拟制为抢劫罪的情形：携带凶器抢夺的，以抢劫罪定罪处罚。《刑法》第267条第2款规定："携带凶器抢夺的，依照本法第263条的规定定罪处罚"，这就是说抢夺罪在符合法定条件的情节下转化为抢劫罪。"携带凶器"是指在抢夺时携带枪支、爆炸物、管制刀具等凶器的行为。携带凶器本身就是一种违法犯罪行为。携带凶器往往会使被害人产生恐惧感或者精神强制，造成被害人不敢进行反抗。因此，这种行为实质上属于胁迫行为。由于犯罪嫌疑人携带凶器抢夺，不仅侵犯了他人的财产所有权，而且对他人的人身也构成了威胁，其危害程度远超普通的抢夺行为，并且在一定程度上符合抢劫罪的暴力性特征。刑法为了更好地保护公民的人身权利和公私财物的所有权，所以规定对携带凶器抢夺的，依照抢劫罪定罪处罚。

🦉 法律小课堂

抢夺罪与抢劫罪的关系

（1）抢夺罪与抢劫罪不是对立关系，抢劫罪行为符合抢夺罪的构成要件，二者是特别关系。

（2）驾驶机动车、非机动车夺取他人财物具有下列情形之一的，应当以抢劫罪定罪处罚：夺取他人财物时因被害人不放手而强行夺取的；驾驶车辆逼挤、撞击或者强行逼倒他人夺取财物的；明知会致人伤亡仍然强行夺取并放任造成财物持有人轻伤以上后果的。

——《中华人民共和国刑法》

第二百六十七条　抢夺公私财物，数额较大的，或者多次抢夺的，处三年以下有期徒刑、拘役或者管制，并处或者单处罚金；数额巨大或者有其他严重情节的，处三年以上十年以下有期徒刑，并处罚金；数额特别巨大或者有其他特别严重情节的，处十年以上有期徒刑或者无期徒刑，并处罚金或者没收财产。

携带凶器抢夺的，依照本法第二百六十三条的规定定罪处罚。

未成年人犯罪的裁量

常某（出生于 1997 年 7 月 25 日）认识了朱某（出生于 1996 年 5 月）、张某、卜某三人。2013 年 7 月 25 日，卜某说自己非常想要部"苹果"手机。于是大家决定到街上抢一部手机给他。当晚 23 时许，常某、朱某、张某、卜某分别骑两辆摩托车到附近寻找目标，这时常某发现被害人刘某正用黑色"苹果"手机打电话。于是朱某、张某二人留后望风，常某驾驶摩托车带着卜某经过刘某的右侧，趁刘某不备，常某将手机夺下，骑车离开现场。

次日凌晨 1 时许，被告人常某、朱某、张某合骑一辆摩托车寻找作案目标，后发现骑着电瓶车的被害人曹某腿上放着一个皮包。张某遂驾车带着常某、朱某经过曹某身旁，常某趁曹某不备将曹某的皮包抢走，包内有价值 930 元的黑色"苹果 4S"手机一部、价值二三百元品牌不详的小手机一部、现金 1580 元以及化妆品、银行卡等物品。后三人将现金均分，常某将皮包烧毁。

7 月 26 日晚 22 时许，常某、朱某伙同张某、卜某合骑一辆摩托车再次寻找目标，后发现被害人刘某在玩手机。为了方便逃跑，常某、卜某下车观察，朱某骑车带着张某经过刘某身边时，张某将刘某手中价值 4218.72 元的白色"苹果 5"手机夺走后逃离了现场。

判决：判处被告人常某有期徒刑一年，缓刑二年，并处罚金人民币 10000 元；被告人朱某判处有期徒刑一年，缓刑二年，并处罚金人民币 10000 元。①

在本案中，被告人常某、朱某伙同他人，以非法占有为目的，采用驾驶机动车的手段抢夺他人财物，数额较大，其行为均已触犯刑律，构成抢夺罪。

根据《刑法》的相关规定，行为人的刑事责任依据年龄分为三个阶段：（1）已满 16 周岁的人属于完全负刑事责任年龄阶段，该年龄阶段以上的人，对任何犯罪行为都应当负刑事责任；（2）已满 14 周岁且不满 16 周岁的行为人，属于相对刑事责任年龄，该年龄阶段的人只有在实施了故意杀人、故意伤害致人重伤或者死亡、强奸、抢劫、贩卖毒品、放火、爆炸、投放危险物质犯罪行为的，才负刑事责任；（3）14 周岁以下属于完全不负刑事责任年龄阶段，该年龄阶段的人实施犯罪行为的，不负刑事责任。而周岁是从公历生日次日开始计算的。所以在本案中，常某在生日当天虽然实施了第一起抢夺行为，但因为常某当时未满 16 周岁，故不予追究。但应当责令其家长或者监护人加以管教，必要时，也可以由政府收容管教。对于造成被害人经济损失的，其没有财产赔偿的，应当由其监护人代其赔偿。

在本案中常某、朱某等人构成共同犯罪。构成共同犯罪的，行

---

① 案例改编自 2015 年安徽省和县人民法院典型案例，http：//ahhxfy. chinacourt. org/article/detail/2015/09/id/1702700. shtml，2017 年 11 月 19 日访问。

为人应当对共同犯罪的内容和结果承担相应法律责任。常某、朱某等共同策划、并相互配合实施犯罪，符合共同犯罪的条件。在本案第一起犯罪中，朱某所起的作用是辅助和次要作用，但由于起主要作用的常某等未达到负刑事责任的年龄，因此第一起案件由达到刑事责任年龄的朱某承担刑事责任。在本案第二起犯罪中，常某是具体实施者，起主要作用，系主犯，即使朱某没有动手去抢，只是在旁边望风，但客观上已经起到辅助作用，也构成犯罪。在本案第三起犯罪中，常某、朱某虽然只是起到辅助和次要的作用，但是达到刑事责任年龄的常某、朱某仍应承担刑事责任。朱某在三起犯罪中均起辅助作用，系从犯，依法应当从轻处罚。

与此同时，在后两起案件常某、朱某犯罪时已满 16 周岁未满 18 周岁，依法应当从轻处罚。常某、朱某归案后能如实供述犯罪事实，依法可以从轻处罚。常某、朱某归案后其亲属主动代为退还赃款，可以酌情从轻处罚。考虑二人系初犯和未成年人犯罪，依照"教育为主，惩罚为辅"的有关未成年人犯罪的刑事政策，可对二人依法适用非监禁刑。

"宽严相济刑事政策"是我国的基本刑事政策，贯穿于刑事立法、刑事司法和刑罚执行的全过程，是惩办与宽大相结合政策在新时期的继承、发展和完善，是司法机关惩罚犯罪、预防犯罪、保护人民、保障人权和正确实施国家法律的指南。根据"宽严相济刑事政策"，对违法犯罪分子应严惩与从宽相结合，严中有宽、宽中有严。如对于累犯、毒品再犯等严重危害社会行为的犯罪从重打击，对于未成年人犯罪、未遂犯、从犯等从轻、减轻处罚等。从轻处罚，指在法定刑以内相对较轻处罚；减轻处罚，指在法定刑以下的一个幅度内处罚。在本案中常某、朱某系未成年人罪犯，朱某又属从犯，二人归案后均如实供述犯罪事实，为坦白，能退赃和赔偿，被害人的损失得到补偿。法院因此对二被告人从轻处罚，并依法宣告缓刑，这符合刑法规定和宽严相济的刑事政策。

法律小课堂

——《中华人民共和国刑法》

第十七条 已满十六周岁的人犯罪，应当负刑事责任。

已满十四周岁不满十六周岁的人，犯故意杀人、故意伤害致人重伤或者死亡、强奸、抢劫、贩卖毒品、放火、爆炸、投放危险物质罪的，应当负刑事责任。

已满十四周岁不满十八周岁的人犯罪，应当从轻或者减轻处罚。

因不满十六周岁不予刑事处罚的，责令他的家长或者监护人加以管教；在必要的时候，也可以由政府收容教养。

第三十六条 由于犯罪行为而使被害人遭受经济损失的，对犯罪分子除依法给予刑事处罚外，并应根据情况判处赔偿经济损失。

承担民事赔偿责任的犯罪分子，同时被判处罚金，其财产不足以全部支付的，或者被判处没收财产的，应当先承担对被害人的民事赔偿责任。

第六十二条 犯罪分子具有本法规定的从重处罚、从轻处罚情节的，应当在法定刑的限度以内判处刑罚。

第六十三条 犯罪分子具有本法规定的减轻处罚情节的，应当在法定刑以下判处刑罚；本法规定有数个量刑幅度的，应当在法定量刑幅度的下一个量刑幅度内判处刑罚。

犯罪分子虽然不具有本法规定的减轻处罚情节，但是根据案件的特殊情况，经最高人民法院核准，也可以在法定刑以下判处刑罚。

第六十七条 犯罪以后自动投案，如实供述自己的罪行的，是自首。对于自首的犯罪分子，可以从轻或者减轻处罚。其中，犯罪较轻的，可以免除处罚。

被采取强制措施的犯罪嫌疑人、被告人和正在服刑的罪犯，如实供述司法机关还未掌握的本人其他罪行的，以自首论。

犯罪嫌疑人虽不具有前两款规定的自首情节，但是如实供述自己罪行的，可以从轻处罚；因其如实供述自己罪行，避免特别严重后果发生的，可以减轻处罚。

——《中华人民共和国未成年人保护法》

第五十四条　对违法犯罪的未成年人，实行教育、感化、挽救的方针，坚持教育为主、惩罚为辅的原则。

对违法犯罪的未成年人，应当依法从轻、减轻或者免除处罚。

——《中华人民共和国预防未成年人犯罪法》

第四十四条　对犯罪的未成年人追究刑事责任，实行教育、感化、挽救方针，坚持教育为主、惩罚为辅的原则。

司法机关办理未成年人犯罪案件，应当保障未成年人行使其诉讼权利，保障未成年人得到法律帮助，并根据未成年人的生理、心理特点和犯罪的情况，有针对性地进行法制教育。

对于被采取刑事强制措施的未成年学生，在人民法院的判决生效以前，不得取消其学籍。

侵占罪的成立要件

小化（15 周岁）在火车站候车时，捡到他人遗失的一个电脑包，包里有人民币 3000 元和一部 iPad，小化便将电脑包占为己有。后来失主通过车站监控录像等线索找到小化，要求他返还电脑包和相关财物，小化拒不交还，后失主起诉至法院，告小化侵占罪。

法院判决：因小化未达到法定刑事责任年龄，宣告被告人小化不负刑事责任。①

未成年人刑事案件，是指被告人实施被指控的犯罪时，已满 14 周岁不满 18 周岁的案件。之所以要严格区分被告人犯罪时的年龄，是由于年龄对被告人刑事责任的认定有决定性作用。刑事责任年龄是指法律规定行为人对自己的犯罪行为负刑事责任的年龄。行为人只有达到法定刑事责任年龄，才能对自己的犯罪行为负刑事责任。

---

① 案例改编自《未成年人犯侵占罪案例》，载智飞法律网：http://www.lawbang.com/index.php/topics-list-baikeview-id-76490.shtml，2017 年 10 月 28 日访问。

小化捡到别人的遗忘物，拒不归还，达到数额较大的标准，行为完全符合刑法中侵占罪的构成要件。同时，侵占罪是告诉才处理的犯罪，即不由检察院公诉而由被害人决定是否追诉。本案中，失主明确去法院起诉，因此小化的侵占行为应当受到法律制裁。但是鉴于他只有 15 周岁，不满 16 周岁，所以不负刑事责任，因此小化的行为性质上属于犯罪行为，只是不承担刑事责任，人民法院应责令他的父母对他加以管教。

法律小课堂

侵 占 罪

侵占罪的主体为一般主体，凡年满 16 周岁具有刑事责任能力的自然人均可构成本罪。在主观方面必须出于故意，即明知属于他人交与自己保管的财物、遗忘物或者埋藏物而仍非法占为己有。本罪侵害的客体是他人财物的所有权。本罪在客观方面表现为将他人交由自己代为保管的财物、遗忘物或者埋藏物非法占为己有，数额较大，拒不交还的行为。认定本罪，必须注意以下两点。

1. 要有通过正当、善意、合法的手段，持有他人财物的行为

（1）代为保管，既包括受他人委托，代为收藏、管理其财物，如寄存、委托暂时照看，又包括未受委托因无因管理而代为保管他人的财物。既包括依照有关规定托管财物，如无行为能力的未成年人、精神病人的财物依法应由其监护人代为保管，又包括依照某种合同如借贷、租赁、委托、寄托、运送、合伙、抵押等合同而持有他人财物。但是，因职务或工作上的关系代为保管本单位的财物的，不属于本罪的代为保管。

（2）拾捡他人的遗忘物。

（3）发掘得到他人的埋藏物，但发掘行为必须合法。

2. 必须具有将他人的财物非法占为己有，拒不交还的行为

所谓占为己有，是指将他人交给本人代为保管的财物、遗忘物或者埋藏物当成自己的财物，以所有人自居，擅自加以处分、使用和收益。拒不退回，如财物所有人明确提出交还并出示证据证明属其所有权，行为人仍视而不见，明确表示不予归还；或者虽然表示归还，但事后又擅自处分致使实际无法交还；或者采用诸如谎称财物被盗、丢失等欺骗手段而拒不归还；或者携带财物逃离他乡而拒不归还；或者已经非法处分而拒不追回或者赔偿，等等。当然，行为人如果最终还是交出或者退还了财物，或者是在他人明确提出主张交还前处理了财物但事后已实际或承诺赔偿的，即使是在他人提出主张后擅自处分财物但后续又赔偿的，就不应以本罪论处。

——《中华人民共和国刑法》

第二百七十条　将代为保管的他人财物非法占为己有，数额较大，拒不退还的，处二年以下有期徒刑、拘役或者罚金；数额巨大或者有其他严重情节的，处二年以上五年以下有期徒刑，并处罚金。

将他人的遗忘物或者埋藏物非法占为己有，数额较大，拒不交出的，依照前款的规定处罚。

本条罪，告诉的才处理。

成立盗窃罪的情形

【案例一】1月3日，建安区某中学张某到建安分局许由派出所报案称，学校教师办公室及学生教室被盗，被盗物品共价值五千余元。通过逐一调取案发现场及附近监控视频，警方锁定了李某（17岁，已辍学，原本校学生）。侦查人员立即开展布控，后在建安区张潘路口成功将嫌疑人李某抓获。经法院审理认定，李某构成盗窃罪，被判处有期徒刑一年。①

【案例二】16岁的李某为了买"iPhone6"行窃五次，最终受到法律制裁。李某把目光瞄准小超市、批发部等场所，决定通过行窃方式获取财物。在短短的两个星期里，李某五次作案，共窃得财物价值1700余元。李某被重庆市梁平县法院以盗窃罪判处有期徒刑六个月，并处罚金人民币2000元。②

---

① 案例一改编自《许昌警方破获一起校园盗窃案》，载搜狐网：http：//www. sohu. com/a/218233926_99956740。

② 案例二改编自《为买"iPhone6"少年多次盗窃获刑》，载人民网：http：//legal. people. com. cn/n/2014/1105/c188502-25981506. html。

【案例三】12月20日上午8时许，福安市公安局社口派出所接到竹工坂村民报警称，其家里抓到一名小偷。经查，犯罪嫌疑人钟某16岁，福安市康厝乡人。20日上午8时许，钟某经过社口镇竹工坂村时，见一户民宅内无人，便以翻墙破窗的方式闯入该民房。当其正在实施盗窃行为时，被房主发现并抓住。最终，钟某因盗窃罪被判处有期徒刑六个月。①

【案例四】2012年9月23日，被告人吴某携带匕首来到淮上区吴小街一吴姓人家的院子，趁室内无人，进入被害人的房间将钱包盗走，内有人民币200元，并将携带的匕首遗落在房间内。吴某在翻越院墙逃离时被发现，钱包滑落现场。2012年9月24日下午，吴某主动到公安机关投案，并如实供述了全部犯罪事实。最终，淮上区法院以盗窃罪依法对吴某进行了判罚。②

【案例五】5月14日8时10分许，龙某来到义乌市上溪镇综合市场里，因形迹可疑，警方反扒队员就一直跟随监视。在路过一家卖眼镜的摊位时，龙某见一男子站在摊位前买眼镜，便故意靠近，窃得男子放在自己上衣左侧胸前口袋内的40元人民币，得逞后准备逃离时被警方反扒人员抓获。③

盗窃在校园里并不少见，很多学生都遭受过这种犯罪的侵害。根据一次针对200名在校学生的问卷调查显示，遭受过校园盗窃的人数占比为58.8%，其中被盗次数在两次以上者占37.4%。那么，

---

① 案例三改编自《见民宅内无人 少年翻墙破窗入室盗窃被抓》，载宁德网：http：//www. ndwww. cn/xspd/faxw/2016/1226/36660. shtml。

② 案例四改编自《事发淮上吴小街 携凶器入户盗窃偷二百被判七月》，载蚌房网：http：//news. bb. ahhouse. com/html/1344131. html。

③ 案例五改编自《义乌"扒窃入刑"第一人被批捕》，载《金华日报》2011年5月27日。

什么样的行为构成盗窃罪呢？根据《刑法》的规定，成立盗窃罪的有以下情形：盗窃公私财物，数额较大的；多次盗窃；入户盗窃；携带凶器盗窃；扒窃的。下面结合案例具体分析。

"数额较大的"：按照司法解释，通常为 1000 元至 3000 元以上为数额较大，要求行为人认识到"数额较大"。另外四种特殊盗窃的情形不要求盗窃数额较大，但至少是值得刑法保护的财物（具有客观价值或者使用价值）。盗窃未遂，具有下列情形之一的，应当依法追究刑事责任：以数额巨大的财物为盗窃目标的；以珍贵文物为盗窃目标的；其他情节严重的情形。案例一里，李某盗窃的数额已经符合"数额较大"的标准，成立盗窃罪。

"多次盗窃"，即 2 年内盗窃 3 次以上的。多次盗窃不以每次盗窃既遂为前提，也不要求行为人实施的每一次盗窃行为均已构成盗窃罪，但至少要求针对值得刑法保护的财物。案例二里，李某在两个星期内进行了五次盗窃行为，虽然每笔的数额都未达到盗窃罪所规定的标准，亦构成盗窃罪。

"入户盗窃"，即非法进入供他人家庭生活、与外界相对隔离的住所盗窃。成立入户盗窃，要求行为人认识到自己进入的是他人住所。案例三里，钟某的行为已经符合"入户盗窃"标准，成立了盗窃罪。

"携带凶器盗窃"，是指携带枪支、爆炸物、管制刀具等国家禁止个人携带的器械盗窃，或者为了实施违法犯罪携带其他足以危害他人人身安全的器械盗窃。案例四中，吴某的行为同时符合"入户盗窃"和"携带凶器盗窃"。

"扒窃"，是指在公共场所或者公共交通工具上盗窃他人随身携带的财物，不要求携带凶器实施，不要求窃取数额较大的财物，也不限于扒窃体积微小的财物（包括身边的自行车、行李架上的行李包裹等），不需要行为具有惯常性，且不限于秘密窃取，包括公开扒窃。案例五中，龙某在公共场合盗窃男子随身的财物，符合"扒窃"特征，构成盗窃罪。

法律小课堂

——《最高人民法院、最高人民检察院关于办理盗窃刑事案件适用法律若干问题的解释》

第一条 盗窃公私财物价值一千元至三千元以上、三万元至十万元以上、三十万元至五十万元以上的，应当分别认定为刑法第二百六十四条规定的"数额较大"、"数额巨大"、"数额特别巨大"。

校园盗窃

一、校园盗窃的方式

根据对各种校园盗窃案例的总结，作案分子的盗窃方法多种多样。一般人能想象到的偷窃方式，这些人都会使用，具体分为以下五类。

第一种，撬门扭锁。当作案分子探得室内无人后就采取插门缝、撬门锁或直接撞门等手法入室行窃。因为动作会比较大，多发生在白天的寝室和晚上的教室。

第二种，顺手牵羊。作案分子往往趁学生寝室、教室等场所周围没人，或者事主短暂离开、粗心大意或注意力不集中时，顺手拿走贵重物品。

第三种，乘虚而入。在学生宿舍中，往往一间寝室住着四五个学生，有的是不同班级的混合寝室，常常出现不锁门的现象。还有的学生对本人的贵重财物和随身物品保管不严，随意搁置，这样就给一些不法分子创造了作案条件。

第四种，窗外钓鱼。顾名思义，是指作案分子用竹竿、铁丝等工具，在窗外或阳台处将室内的衣服或包钩出，有的甚至利用钩到的钥匙开门入室进行盗窃。

第五种，盗取密码。这是指作案人有意获取他人银行卡密码并伺机到银行盗取现金。这类手法常见于内盗案件，并且以关系相好的同室或"朋友"作案较多。

二、防盗小技巧

第一，树立防盗意识，切不可麻痹大意。校园相对安全，但也绝对不是天堂和保险箱，总有盗窃分子的眼光时时盯着校园，特别是盯着缺乏经验的学生们。校园里时常会有盗窃分子出入，极个别学生也有盗窃行为。因此，在防止盗窃时，既要防外贼，也要防内贼。

第二，妥善保管好现金、存折等。保管现金的最好办法是存入银行，尤其是数额较大的要及时存入，绝不能怕麻烦。要就近储蓄，密码应选择容易记忆且又不易解密的数字，千万不要选用自己的出生日期做密码。这样，即使存折或银行卡被盗，犯罪分子也不容易取走钱，事主也有时间到银行挂失。身份证是最有效的证件，存折或银行卡丢失，可以凭身份证去挂失，凭身份证去取款。因此，存折及银行卡要同身份证、学生证分开存放，防止被犯罪分子同时盗走。

第三，保管好自己的贵重物品。贵重物品不用时，不要随便放在桌子上，防止被顺手牵羊或溜门盗走或窗外钓鱼的小偷盗走。要将贵重物品放在抽屉、柜子里，并且锁好。寒暑假离校时应将贵重物品带走，不要放在宿舍里，防止撬锁被盗。贵重物品上最好做上一些特殊记号。一旦被盗，报案时好说明，认领时也有依据，即使被盗，找回的可能性也大一些。特别要注意手机，笔记本电脑的保管，不能随意放置在开放性场所。

第四，养成随手关窗锁门的好习惯。对于住校生来说，上课、出操等外出离开宿舍时，要关好窗、锁好门。不要将钥匙放在可以从窗外钩到的地方。如果一个人在宿舍时，如果上厕所、上水房洗衣服，即便很快就能回来，也要锁好门，防止被犯罪分子溜门盗窃。此外，在放学和上体育课时，要保证教室门窗锁好。必要时可以安排人员巡视，防止教室内财物被盗。

第五，发现形迹可疑的人应加强警惕。遇到可疑人员，同学们应该在确保自身安全的情况下，几个人一起去询问其情况。如果依旧觉得可疑，要及时向老师汇报，由老师来进行处理，切不可私自行动。

三、被盗后该怎么办

如果发现教室或寝室门窗被打开，或窗上玻璃被打碎、纱窗被割破、室内物品被翻得乱七八糟，这是室内发生盗窃的明显标志。遇到这种情况发生，头脑要清醒，不要急于到室内查找自己的物品。

第一，保护现场。要保护好犯罪分子留下的现场，任何人不要进入室内，以便公安人员在现场提取犯罪分子留下的痕迹。

第二，即时报警。要马上报告学校保卫科或学生处，请他们来现场调查了解。

第三，积极配合办案机关。配合公安机关侦查案件，如果发现存折或银行卡丢失，要马上到银行去报告、挂失，以降低损失。

平时如果丢失了钱财、贵重物品等，不要随意怀疑同学，也不要私下调查、解决。应及时到学校保卫科报告，讲明丢失或被盗情况及自己物品的特征，由老师或学校保卫科工作人员来进行调查和处理。

使用暴力的后果

2014 年 12 月 26 日 12 时许，小金（案发时 16 岁）预谋盗窃后，携带老虎钳、折叠刀等作案工具，窜至 S 市 Z 区某小区 4 栋 3 单元 102 室被害人李某的住处，用老虎钳剪断防盗网，进入屋内实施盗窃。其间被害人李某返回家中，被告人小金见状顺手拿起厨房菜刀威胁李某，抢走李某现金 55 元。作案后，被告人小金将其中 40 元赃款挥霍，剩余的 15 元赃款被追回并返回被害人李某。

法院判决被告人小金因犯抢劫罪，被判处有期徒刑四年，罚金 2000 元。①

小金所犯的罪名为抢劫罪，是事后抢劫，属于法律规定的转化型抢劫罪的一种情形。根据我国刑法规定，行为人的前行为构成盗窃、诈骗、抢夺罪时，为了窝藏赃物、抗拒抓捕或者毁灭罪证而当场使用暴力或者以暴力相威胁时，将以抢劫罪追究刑事责任。小金在盗窃后，为了不被被害人李某抓捕而以刀具相威胁，已经符合了转化

① 改编自 H 省未成年犯管教所真实案例。

型抢劫罪的构成要件。抢劫罪和盗窃罪有一个显著的区别就是成立抢劫不需要数额较大的条件，只要故意实施了抢劫行为即可。所以，即使小金只抢劫了 55 元，他的行为仍然构成抢劫罪。

转化型抢劫罪中的暴力含义与抢劫罪的暴力含义相同，都是使用杀人、捆绑、伤害、禁闭、撞击等危及人身健康和生命安全的行为，对财物的所有人、占有人、管理人不法行使有形力，使被害人不能反抗的行为，即必须是针对被害人实施，足以抑制被害人反抗的，但并不要求实际抑制了被害人的反抗。但是在转化型抢劫中，如果只是为了摆脱抓捕而推推撞撞，没有直接故意威胁被害人的人身安全，可以不认为是使用暴力。在小金的案件里，小金以刀具相威胁，具备了危及被害人李某健康和生命安全的危险，使得李某不能反抗，已经符合使用"暴力"的含义。

转化型抢劫罪的"当场"，包括行为人实施盗窃、诈骗、抢夺的作案现场，也包括行为人逃离作案现场立即被人发现后的整个被抓捕过程。行为人逃离作案现场到被人发现并实施抓捕中间不能有明显的中断。如果行为人作案时或者在逃离现场时没有被发现，在事后或其他地点，被发现而对被害人或第三人使用暴力或者以暴力相威胁的，不构成转化型抢劫罪。因为从作案到被发现中间有明显的时间间隔，已不存在转化的可能性。只能根据其暴力或者以暴力相威胁的行为性质单独判断该行为构成什么罪，因为该行为与先前的实施的盗窃、诈骗、抢夺已没有关系，所以不能再构成转化型的抢劫罪。

在小金的案子里，小金在实施犯罪行为时由被害人李某在作案现场所发现，中间没有任何停止，显然具有当场性。如果小金在被李某追赶的过程中为了窝藏赃物、抗拒抓捕或者毁灭罪证而实施暴力或者以暴力相威胁，那么小金的行为仍构成转化型抢劫罪。但是，如果小金在李某发现自己的财物被盗窃后一段时间才被李某找到，小金此时对李某进行暴力威胁，那么这种威胁就不再具有当场性。

🦉 法律小课堂

——《中华人民共和国刑法》

第二百六十九条　犯盗窃、诈骗、抢夺罪，为窝藏赃物、抗拒抓捕或者毁灭罪证而当场使用暴力或者以暴力相威胁的，按照本法第二百六十三条的规定定罪处罚。

诈骗罪是如何构成的

辛甲和辛乙于2013年4月7日，通过非法购买方式获得王某同事的QQ账号及密码，随后以王某同事的身份与王某聊天，向王某求助，不知情的王某毫无保留地将自己的姓名、手机号、银行卡号告知对方。辛甲和辛乙利用获得的王某个人信息通过财付通网上购买苹果手机和联想电脑，因未能付款成功而作罢。随后，两人又利用网络技术手段，通过支付宝快捷支付等功能转走了王某账号的51382元款项。

法院经审理认为，两被告人的行为已构成诈骗罪。鉴于两被告人均系未成年人，其家属积极退赔了赃款、两被告人自愿认罪等情节，法院一审以诈骗罪判处被告人辛甲有期徒刑一年三个月，判处被告辛乙有期徒刑一年二个月，均适用缓刑二年，并处罚金3万元。①

---

① 参见《盗QQ号冒称好友诈骗 两未成年少年获刑》，载北大法宝数据库（司法案例），http://www.pkulaw.cn/case/pal_a3ecfd5d734f711d2200 cc15f3ded1fbdbc4bf537eb94bfdbdfb.html？keywords=盗QQ号冒称好友诈骗%20两未成年少年获刑&match=Fuzzy，2019年8月23日访问。

《刑法》第266条规定："诈骗公私财物，数额较大的，处三年以下有期徒刑、拘役或者管制，并处或者单处罚金；数额巨大或者有其他严重情节的，处三年以上十年以下有期徒刑，并处罚金；数额特别巨大或者有其他特别严重情节的，处十年以上有期徒刑或者无期徒刑，并处罚金或者没收财产。本法另有规定的，依照规定。"诈骗罪是指以非法占有为目的，用虚构事实或者隐瞒真相的方法，骗取数额较大的公私财物的行为。

什么样的行为会构成诈骗罪呢？首先要有欺骗行为的存在，即行为人通过虚构事实或者隐瞒真相，使对方陷入处分财产的认识错误。其次，欺骗行为使得被骗者获得错误认识或者维持、强化了被骗者的错误认识，即是被骗者在判断上有一定的错误，也不妨碍欺骗行为的成立。再次，被骗者基于错误的认识处分了财产，致使行为人或者第三者获得财产。最后，被骗者或其他人遭受财产损失，且数额较大。

通常认为，诈骗罪具有这样的行为模式：诈骗人以非法占有为目的实施欺诈行为→被骗者产生错误认识→被骗者基于错误认识处分财产→诈骗人或第三者取得财产→被骗者或其他人受到财产上的损失。

结合本案，通过下图会对诈骗罪的行为结构有一个形象认识。

当然，并不是实施了诈骗行为就一定会构成诈骗犯罪，法律对构成诈骗罪的数额有详细规定。根据《最高人民法院、最高人民检察院关于办理诈骗刑事案件具体应用法律若干问题的解释》（2011年4月8日起施行）的规定，诈骗公私财物价值3000至1万元以上和3万元至10万元以上、50万元以上的，应当分别认定为《刑法》第266条规定的"数额较大""数额巨大""数额特别巨大"。

```
┌─────────────────────────┐        ┌─────────────────────────┐
│ 诈骗人以非法占有为目的实 │        │ 辛氏兄弟以弄到钱买电脑、手 │
│ 施欺诈行为               │        │ 机为目的，冒充王某的同事   │
└─────────────────────────┘        └─────────────────────────┘
            │                                  │
            ▼                                  ▼
┌─────────────────────────┐        ┌─────────────────────────┐
│   被骗者产生错误认识     │        │ 王某陷入骗局，误以为QQ上跟 │
│                         │        │ 自己聊天的是他的同事       │
└─────────────────────────┘        └─────────────────────────┘
            │                                  │
            ▼                  ┌────────┐       ▼
┌─────────────────────────┐   │        │    ┌─────────────────────────┐
│ 被骗者基于错误认识处分财产│ ─▷│结合本案│ ▷  │ 王某以为对方是自己的同事， │
│                         │   │        │    │ 将银行账号密码交给辛氏兄弟 │
└─────────────────────────┘   └────────┘    └─────────────────────────┘
            │                                  │
            ▼                                  ▼
┌─────────────────────────┐        ┌─────────────────────────┐
│ 诈骗人或第三者取得财产   │        │   辛氏兄弟取得了王某的     │
│                         │        │       51382元            │
└─────────────────────────┘        └─────────────────────────┘
            │                                  │
            ▼                                  ▼
┌─────────────────────────┐        ┌─────────────────────────┐
│ 被骗者或其他人受到财产   │        │  王某因此损失了51382元    │
│ 上的损失                │        │                         │
└─────────────────────────┘        └─────────────────────────┘
```

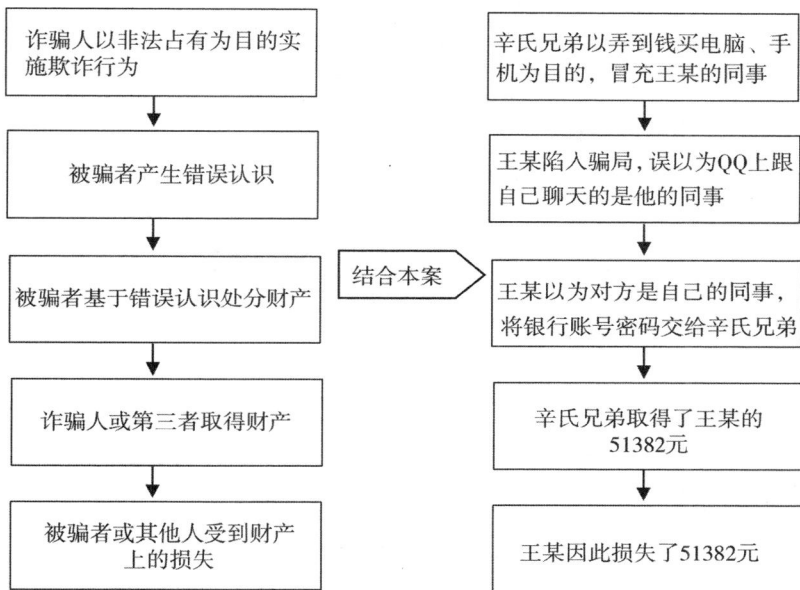

诈骗公私财物达到上述规定的数额标准，具有下列情形之一的，依照《刑法》第266条的规定酌情从严惩处：

（1）通过发送短信和拨打电话或者利用互联网、广播电视、报刊等发布虚假信息，对不特定多数人实施诈骗的；

（2）诈骗救灾和抢险、防汛、优抚、扶贫、移民、救济、医疗款物的；

（3）以赈灾募捐名义实施诈骗的；

（4）诈骗残疾人、老年人或者丧失劳动能力人的财物的；

（5）造成被害人自杀、精神失常或者其他严重后果的。

诈骗数额达到上述规定的"数额巨大""数额特别巨大"的标准，并具有前款规定的情形之一或者属于诈骗集团首要分子的，理当分别认定为《刑法》第266条规定的"其他严重情节""其他特别严重情节"。

🦉 法律小课堂

——《中华人民共和国刑法》

第二百六十六条 诈骗公私财物，数额较大的，处三年以下有期徒刑、拘役或者管制，并处或者单处罚金；数额巨大或者有其他严重情节的，处三年以上十年以下有期徒刑，并处罚金；数额特别巨大或者有其他特别严重情节的，处十年以上有期徒刑或者无期徒刑，并罚金或者没收财产。本法另有规定的，依照规定。

第二百一十条 使用欺骗手段骗取增值税专用发票或者可以用于骗取出口退税、抵扣税款的其他发票的，依照本法第二百六十六条的规定定罪处罚。

第三百条 组织、利用会道门、邪教组织或者利用迷信破坏国家法律、行政法规实施的，处三年以上七年以下有期徒刑，并处罚金；情节特别严重的，处七年以上有期徒刑或者无期徒刑，并处罚金或者没收财产；情节较轻的，处三年以下有期徒刑、拘役、管制或者剥夺政治权利，并处或者单处罚金。组织、利用会道门、邪教组织或者利用迷信蒙骗他人，致人重伤、死亡的，依照前款的规定处罚。犯第一款罪又有奸淫妇女、诈骗财物等犯罪行为的，依照数罪并罚的规定处罚。

第二百八十七条 利用计算机实施金融诈骗、盗窃、贪污、挪用公款、窃取国家秘密或者其他犯罪的，依照本法有关规定定罪处罚。

信用卡诈骗罪的判定

　　白白在 17 岁时便完整破译并掌握了 19 万个银行账户资料，其中涉及近 15 亿元的案值。18 岁生日那天白白被警察抓获，并因信用卡诈骗罪而入狱。①

　　本案中白白所犯为信用卡诈骗罪，根据《刑法》第 196 条的规定，信用卡诈骗罪是指以非法占有为目的，违反信用卡管理法规，利用信用卡进行诈骗活动，骗取财物数额较大的行为。利用信用卡，一般是指使用伪造的、作废的信用卡或者冒用他人的信用卡、恶意透支的方法进行诈骗活动。信用卡诈骗罪是诈骗犯罪的一种，该罪和诈骗罪之间是特别法和一般法的关系，信用卡在该罪中是犯罪工具，而不是犯罪对象。行为人以信用卡作为犯罪工具进行诈骗活动的，按照特别法优于一般法的原则，以本罪定罪处罚。因此，信用卡诈骗罪，简而言之就是利用信用卡体现的

---

　　①　参见钟亚雅：《少年黑客的迷途》，载《检察日报》2015 年 4 月 23 日，第 5 版。

信用所实施的诈骗犯罪活动。

信用卡诈骗罪的构成要件如下：（1）客体是信用卡管理制度和公私财产所有权。（2）客观方面表现为行为人采用虚构事实或者隐瞒真相的方法，利用信用卡骗取公私财物的行为。（3）主体是一般主体，自然人可成为本罪的犯罪主体。（4）主观方面是故意，是希望并且具有非法占有他人资金的目的，间接故意和过失不构成本罪。

此案是一例典型的网络信用卡诈骗案。网络信用卡诈骗犯罪是一种新型技术犯罪，具有高技术化、跨国化、形式多样性和隐蔽性等特征，严重威胁着网络经济的正常发展。网络诈骗犯罪与传统的诈骗犯罪相比，无论在形式上还是在方法上都存在很大不同。具体表现在以下几个方面：（1）获取信用卡的相关信息是实施犯罪的重要环节；（2）利用计算机系统进行诈骗；（3）犯罪往往具有跨国性；（4）犯罪活动具有高度隐蔽性。网络信用卡诈骗犯罪形式多种多样，如破解信用卡密码后，伪造并使用信用卡、伪造并冒用他人信用卡、与信用卡特约商户勾结冒用他人信用卡等。目前，比较典型的犯罪形式主要有三种：一是冒用他人信用卡进行网上消费；二是伪造信用卡并使用；三是使用信用卡后拒付。

🦉 法律小课堂

——《中华人民共和国刑法》

第一百九十五条　有下列情形之一，进行信用证诈骗活动的，处五年以下有期徒刑或者拘役，并处二万元以上二十万元以下罚金；数额巨大或者有其他严重情节的，处五年以上十年以下有期徒刑，并处五万元以上五十万元以下罚金；数额特别巨大或者有其他特别严重情节的，处十年以上有期徒刑或者无期徒刑，并处五万元以上五十万元以下罚金或者没收财产：

（一）使用伪造、变造的信用证或者附随的单据、文件的；

（二）使用作废的信用证的；

（三）骗取信用证的；

（四）以其他方法进行信用证诈骗活动的。

第一百九十六条 有下列情形之一，进行信用卡诈骗活动，数额较大的，处五年以下有期徒刑或者拘役，并处二万元以上二十万元以下罚金；数额巨大或者有其他严重情节的，处五年以上十年以下有期徒刑，并处五万元以上五十万元以下罚金；数额特别巨大或者有其他特别严重情节的，处十年以上有期徒刑或者无期徒刑，并处五万元以上五十万元以下罚金或者没收财产：

（一）使用伪造的信用卡，或者使用以虚假的身份证明骗领的信用卡的；

（二）使用作废的信用卡的；

（三）冒用他人信用卡的；

（四）恶意透支的。

前款所称恶意透支，是指持卡人以非法占有为目的，超过规定限额或者规定期限透支，并且经发卡银行催收后仍不归还的行为。

盗窃信用卡并使用的，依照本法第二百六十四条的规定定罪处罚。

第二百八十六条之一 网络服务提供者不履行法律、行政法规规定的信息网络安全管理义务，经监管部门责令采取改正措施而拒不改正，有下列情形之一的，处三年以下有期徒刑、拘役或者管制，并处或者单处罚金：

（一）致使违法信息大量传播的；

（二）致使用户信息泄露，造成严重后果的；

（三）致使刑事案件证据灭失，情节严重的；

（四）有其他严重情节的。

单位犯前款罪的，对单位判处罚金，并对其直接负责的主管人员和其他直接责任人员，依照前款的规定处罚。

有前两款行为，同时构成其他犯罪的，依照处罚较重的规定定罪处罚。

保护自身财物，财物失窃后及时报警追回

在信息时代的今天，要时刻保持警惕，不要泄露自己的个人信息，不要在网页上随意输入自己的网银、支付宝密码。在使用网页、支付宝、微信支付等时，要在安全的网络环境下使用安全的网页或软件进行操作。不要随意打开陌生邮件、陌生人发来的链接、弹出的网页等，以防电脑、手机等被病毒攻击。在财物失窃后，要保持冷静，不要慌张，保存证据并立刻报警。

什么是电信诈骗？

2016 年高考，徐玉玉以 568 分的成绩被南京邮电大学录取。某天下午 4 点 30 分左右，她接到了一通陌生电话，对方声称有一笔 2600 元助学金要发放给她。在这通陌生电话之前，徐玉玉曾接到过教育部门发放助学金的通知。"第二天，女儿接到了教育部门的电话，让她办理了助学金的相关手续，说钱过几天就能发下来。"徐玉玉的母亲李自云告诉记者，由于前一天接到的教育部门电话是真的，所以当时他们并没有怀疑这个电话是假的。

按照对方要求，徐玉玉将准备交学费的 9900 元打入了骗子提供的账号。发现被骗后，徐玉玉万分难过，当晚就和家人去派出所报了案。在回家的路上，徐玉玉突然晕厥，不省人事，虽经医院全力抢救，但仍没能挽回她的生命。

2017 年 7 月 19 日上午，山东省临沂市中级人民法院对"徐玉玉"案被告人陈文辉、郑金锋、黄进春、熊超、陈宝生、郑贤聪、陈福地诈骗、侵犯公民个人信息案一审公开宣判。被告人陈文辉犯诈骗罪、侵犯公民个人信息罪，决定执行无期徒刑，剥夺政治权利终身，并处没收个人全部财产；被告人郑金锋等六人犯诈骗罪，分别判处有期徒刑三年至十五年不等，罚金10万元至60万元不等。二审裁定维持原判。另外，杜某通过植入木马的方式，非法侵入山东省2016年普通高等学校招生考试平台网站，非法获取考生个人信息64万余条，通过QQ、支付宝向陈文辉出售上述信息10万余条，获利14100元，被法院判决犯侵犯公民个人信息罪，判处有期徒刑六年，并处罚金人民币6万元。①

"徐玉玉案"是典型的电信诈骗案件。所谓电信诈骗，是指不法分子通过电话、网络和短信方式，编造虚假信息，设置骗局，对受害人实施远程、非接触式诈骗，诱使受害人给不法分子打款或转账的犯罪行为。

2016年12月20日，最高人民法院、最高人民检察院、公安部三部门发布《关于办理电信网络诈骗等刑事案件适用法律若干问题的意见》再度明确，利用电信网络技术手段实施诈骗，诈骗公私财物价值3000元以上的可判刑，诈骗公私财物价值50万元以上的，最高可判无期徒刑。

电信诈骗具有非常大的社会危害性，它会给被诈骗者带来经济和精神上的双重打击。此外，电信诈骗还有更深层次的危害，它削弱了社会基本信任。被冒充的"熟人"骗了，被冒充的"警察""法官""检察官"骗了，会对社会信任的构建带来极大负面影响。所以，一定要严厉打击电信诈骗行为。

---

① 参见徐日丹：《公诉人详解徐玉玉被电信诈骗致死案办案历程》，载《检察日报》2017年6月28日，第2版；郭德民：《徐玉玉遭电信诈骗案二审维持原判》，载《人民法院报》2017年9月16日，第3版；闫继勇：《涉徐玉玉案被电信诈骗案"黑客"获刑六年》，载《人民法院报》2017年8月25日，第3版。

看似简单的骗术，为什么能骗到那么多人，产生那么大的社会危害呢？这是因为，骗子们都是"心理学大师"，他们会通过行动和语言，利用受害者的心理，编造出许多特定的情境，使受害者轻易相信。比如编造家人出车祸的紧急状况，让受害者陷入精神紧张中，丧失思考的能力，落入他们的圈套。另外，在现代化的社会，个人信息被泄露的状况非常严重，骗子获得了受害者的个人信息，实行"精准化诈骗"，伪装起来也就更得心应手，诈骗也就更容易获得成功。很多的电信诈骗往往是通过群发来寻找诈骗对象的，网络时代信息流通的便利性使得骗子的网能撒得更广，大面积地撒网总会寻找到受害者。这种"大范围撒网+精准化诈骗"相结合，使得电信诈骗变得容易得逞。电信诈骗常见的典型模式有如下四种。

第一种，冒充公检法等国家机关工作人员诈骗。骗子假称自己是国家机关工作人员，使用经过技术处理"变号"后的电话号码，用直接通话的方式告知受害人需要配合他们的工作，要求其将资金转入所谓的"安全账户"或"单位账户"来骗取财产。徐玉玉案件就是这种情形。

第二种，冒充熟人诈骗。这种手法在生活中是最常见的，骗子盗取受害人好友的 QQ、微信等账号，仿冒受害人 QQ 或微信好友，以急需用钱为由欺骗受害人向指定账户转账。近年来，又出现了冒充被害人领导或亲属实施诈骗的案例。另外，电信诈骗犯罪分子以被冒充人遭遇紧急情况急需用钱，如车祸需预缴医疗费或因涉嫌嫖娼或吸毒被抓需保证金等为理由，使被害人在情急之下来不及仔细思考而被骗取钱财。

第三种，网购诈骗。电信诈骗犯罪分子冒充网购商品的卖家，编制各种理由以窃取受害人购买物品的订单，然后谎称订单出现了问题需要重新处理，让被骗者再次付款，或者直接骗取其提供银行卡账号、密码，从而窃取被害人账户中的资金。此外，还有的骗子假借电信运营商的名义使用"10086、10010、400-、800-"等号码给被骗者打电话，假借办理各种业务的名义取得受害人短信验证和银行卡信息。还有更高级一些的，骗子发送带有钓鱼网站链接的短信、邮件，一旦点进去，就会遭遇木马侵袭，受害人的账户资金也会落入骗子之手。

第四种，中奖诈骗。骗子利用短信或者网络电话散布中奖信息。比如，以电视娱乐节目抽奖为名，拨打受害人电话称"您已经被我们栏目组抽中为幸运观众，获得巨额奖励，但需要先交纳手续费才能领取或者需要提供本人身份证号和银行账户"。实际上，奖品之类的是不存在的，如果受害人相信了骗子的说辞，那么就会遭受财产上的损失。

🦉 法律小课堂

——《中华人民共和国刑法》

第二百五十三条之一　违反国家有关规定，向他人出售或者提供公民个人信息，情节严重的，处三年以下有期徒刑或者拘役，并处或者单处罚金；情节特别严重的，处三年以上七年以下有期徒刑，并处罚金。

违反国家有关规定，将在履行职责或者提供服务过程中获得的公民个人信息，出售或者提供给他人的，依照前款的规定从重处罚。

窃取或者以其他方法非法获取公民个人信息的，依照第一款的规定处罚。

单位犯前三款罪的，对单位判处罚金，并对其直接负责的主管人员和其他直接责任人员，依照各该款的规定处罚。

——《最高人民法院、最高人民检察院关于办理侵犯公民个人信息刑事案件适用法律若干问题的解释》

第一条 刑法第二百五十三条之一规定的"公民个人信息"，是指以电子或者其他方式记录的能够单独或者与其他信息结合识别特定自然人身份或者反映特定自然人活动情况的各种信息，包括姓名、身份证件号码、通信通讯联系方式、住址、账号密码、财产状况、行踪轨迹等。

防骗·小·技巧

常见骗术	骗术内容	防范方法
二维码诈骗	犯罪分子以降价、奖励为诱饵，要求被害人扫描二维码加会员，实则附带木马病毒。一旦扫描安装，木马就会盗取银行账号、密码等个人隐私信息，然后实施诈骗	不要随便扫描二维码，扫二维码后先辨别网址真假，如果不能辨别，请不要安装，以防被骗。如果发现感染木马，在不使用已感染病毒的手机、电脑操作的前提下，立即更改银行账号密码，并重装系统
微信诈骗——伪装身份诈骗	犯罪分子利用微信"附近的人"查看周围朋友情况，伪装成"高富帅"或"白富美"，骗取感情和信任后，随即以资金紧张、家人有难等各种理由骗取钱财	遇事要冷静，不要轻易相信他人，涉及金钱的事要谨慎

常见骗术	骗术内容	防范方法
微信诈骗——代购诈骗	犯罪分子在微信圈假冒正规微商，以优惠、打折、海外代购为诱饵，待买家付款后，又以"商品被海关扣下，要加缴关税"等为由要求加付货款，一旦获取货款后则无法联系	网上购物请使用支付宝等第三方安全付款方式
微信诈骗——"爱心传递"诈骗	犯罪分子将虚构的寻人、扶困帖子以"爱心传递"方式发布在朋友圈里，引起不少善良网民转发，实则帖内所留联系方式绝大多数为外地号码，打过去不是吸费电话就是通信诈骗	遇到此类事情，请报案并及时向腾讯公司举报，防止他人受骗
微信诈骗——点赞诈骗	犯罪分子冒充商家发布"点赞有奖"信息，要求参与者将姓名、电话等个人资料发至微信平台，套取个人信息后，拨打电话声称已中奖，随后以交纳"手续费""公证费""保证金"等形式实施诈骗	遇到此类事情，不轻信、不转账、不汇款
微信诈骗——利用公众账号诈骗	犯罪分子盗取商家公众账号或者使用"交通违章查询"等假公众账号，发布虚假消息，让人信以为真，然后实施诈骗	请先通过查询微信认证资料或者查看历史消息辨别公众账号的真实性。如果不能辨别，请不要相信

续表

常见骗术	骗术内容	防范方法
提供考题诈骗	犯罪分子针对即将参加考试的考生打电话、发短信，称能提供考题或答案，不少考生急于求成，事先将首付款转入指定账户，后发现被骗	非法出售、提供、购买国家规定考试考题和答案的，均涉嫌犯罪。请遵守法律，不要参与，并及时报警
中奖诈骗	犯罪分子以热播栏目或知名企业名义群发短信，或通过互联网发送中奖邮件，谎称被害人将获得巨额奖品，被害人一旦与犯罪分子联系兑奖，对方即以"个人所得税""公证费""转账手续费"等各种理由要求受害人汇款，实施连环诈骗	"天上不会掉馅饼"。对中奖、返利等信息，请高度警惕并认真核实，不贪心、不轻信、不汇款
钓鱼网站诈骗	犯罪分子以银行网银升级、低价抛售为由，要求被害人登录假冒的钓鱼网站，进而获取被害人银行账户、网银密码、交易验证码等信息实施犯罪	要认准官网，钓鱼网站网址与官网网址往往只有很小的差别，请认真识别比对。如果不能确定，可通过企业客服电话咨询核实
低价购物诈骗	犯罪分子通过互联网、手机短信发布二手车、二手电脑等转让信息，一旦被害人与其联系，即以"缴纳定金""交易税手续费"等方式骗取钱财	保持警惕，不要被低价诱惑，事先要交钱的一般为虚假信息

常见骗术	骗术内容	防范方法
木马信息诈骗	犯罪分子发布木马短信、病毒链接，引诱机主点击，盗取机主QQ、微信号及密码，然后以借钱、紧急事情需用钱、指令下属汇款等方式向其亲戚朋友和同事实施诈骗	不要在电话、网络上透露自己的身份信息、银行卡号、密码等重要信息；对手机、电脑上的不明链接，请不要点击，防止重要信息被他人窃取；如果发现感染木马，在不使用已感染病毒的手机、电脑操作的前提下，立即更改密码，并及时通知亲戚朋友同事
网购诈骗	犯罪分子开设虚假购物网站或网店，一旦被害人下单购买商品，便称系统故障，订单出现问题，需要重新激活。随后，通过QQ发送虚假激活网址，在受害人填写好账号、银行卡号、密码及验证码后，卡上金额不翼而飞	尽量上有知名度、信用度和安全保障的网站购物，并认真核对网站网址，防止上虚假网站；在购物过程中不要点击通过网站专用聊天工具以外的方式（包括QQ、微信）发过来的链接
冒充公检法机关诈骗	犯罪分子冒充公检法机关工作人员拨打受害人电话，以被害人身份信息被盗用涉嫌洗钱犯罪为由，要求将其资金转入所谓的"安全账户"配合调查	公检法机关办案会通知当事人到执法场所，出示证件、办理手续。凡是不见面、不履行相关手续而要求转账、汇款的，请一律拒绝

续表

常见骗术	骗术内容	防范方法
补助金、救助金、助学金诈骗	犯罪分子冒充民政等单位工作人员，向困难群众、学生家长打电话、发短信，谎称可以领取补助金、救助金、助学金，要其提供银行卡号，然后以资金到账查询为由，指令其在自动取款机上进入英文界面操作，将钱转走	补助、救助资金均由当地民政等部门和社区发放，请首先向民政、社区咨询。不听从陌生人的指令、不执行不熟悉的网上银行和自动取款机操作
虚构车祸、手术诈骗	犯罪分子虚构被害人亲戚朋友遭遇车祸、突发疾病需要紧急手术为由，要求对方立即转账。当事人因情况紧急便按照嫌疑人指令将钱转入指定账户	接到此类电话、短信，请不要着急，立即通过电话向本人核实，或者通过亲戚朋友、公安机关等可靠途径咨询，查证无误后才能办理
猜猜我是谁	犯罪分子获取被害人电话号码和姓名后，打电话给被害人，让其"猜猜我是谁"，随后根据被害者所述冒充熟人身份，并声称要来看望受害人。随后，编造"被治安拘留""交通事故"等理由，向受害者借钱	请通过电话、朋友等向其所称的熟人本人进一步核实。如果不能核实，请见到本人后再决定
退款诈骗	犯罪分子冒充淘宝等公司客服拨打电话或者发送短信谎称受害人拍下的货品缺货，需要退款，要求购买者提供银行卡号、密码等信息，实施诈骗	淘宝等公司退款会退到支付宝内，不需要提供银行卡号等信息。遇到此类事情，请不要相信，直接向商家咨询就知道真假

校园性侵篇

　　校园性侵一直都是危害校园安全最大的一枚"炸弹",然而受社会舆论和我国民众保守性观念的影响,这枚"重磅炸弹"并没有得到足够的重视和预防。2013年5月,短短20天时间曝出8起校园性侵案件。2014年9月,联合国儿童基金会发布公告称世界上有1.2亿名女孩曾被强奸或遭受性侵犯,也即每10个女孩中就有1个女孩遭到过性侵犯。由此可见,校园安全面临的形势远比我们预想的严重。

　　校园性侵根据性侵主体可以分为教师性侵、朋友性侵和同学性侵,其中前两种是校园性侵的主要类型。这三种类型具有不同特点,因此应当有针对性地预防。教师性侵通常利用教师的权威和被害人的轻信;朋友性侵在互联网发达的当下主要体现为网友性侵,犯罪人多利用网络的虚拟性降低被害人警惕从而实施犯罪;同学性侵所占比例较小,性侵行为的发生需要满足时间、场合等条件,因此可以有效应对。下文将从这三个类型出发,结合案例,阐述校园性侵的特点和危害,并提出行之有效的预防措施。

性侵教师是披着羊皮的"狼"

近年来，校园性侵成为一个热点问题。事实上，在侵害未成年人的案件中，性侵犯罪占有非常高的比例，而其中校园里发生的案件数量又比较高。因此，校园性侵已成为保护未成年人权益亟待解决的问题。

校园性侵中，有一部分侵害来自教师。教师性侵未成年人，不仅严重损害了未成年人身心健康，而且还有损教师群体的整体形象。某些道德败坏的教师因为具有管理和指导学生的职责，因此更容易对学生实施性侵。并且在实施性侵后，也能通过自己的教师地位，胁迫、恐吓学生保密。因此教师性侵具有潜伏性、长期性、受害者多的特点，具有严重的危害性。

福建长汀一位即将年满 60 周岁的教师詹某，在两年之内，多次对本人授课班级的女学生实施猥亵行为。詹某趁被害学生上课或在其宿舍做作业的时候，先后多次对年仅 7 岁的江同学、8 岁的陈同学、12 岁的张同学、9 岁的小陈同学等人实施抚摸其生殖器等身体隐私部位的淫秽行为。

2014 年 4 月 18 日，詹某以辅导练习为由将年仅 8 岁的曾同学带到其所在某中心学校宿舍内做试卷。在被害人曾某做试卷期间，詹某为了满足自己的性欲，先后两次将自己的裤子及被害人曾某的裤子脱下，并用生殖器摩擦被害人曾某的生殖器，对被害人曾某实施奸淫。结束后，詹某威胁曾某，要求她不准对任何人说出此事。

事后，曾某因生殖器疼痛而告知其外婆此事，其家属遂报警。后因为证据不足，无法证实詹某实施了猥亵数名女学生的犯罪事实，法庭最终认定，詹某强奸曾某的罪行成立，构成强奸罪，判处有期徒刑六年。①

在本案中，据被害学生的陈述，詹某实施了两种犯罪行为，猥亵行为和强奸行为，两种行为均是对未成年人的性侵行为。

所谓猥亵行为，就是指犯罪分子为了满足自己的性欲望和追求刺激等，采取一些发生性行为之外的其他有伤风化的性侵犯行为。比如本案中，詹某多次抚摸被害女学生的生殖器等身体隐私部位的行为。此外还有一些比较常见的猥亵行为如搂抱、亲吻等。此处的搂抱、亲吻与平时家长和未成年子女的亲密接触有所不同，前者是被害人为了满足自己性欲和性刺激而实施的，而后者则是亲人间正常的感情交流行为。

通常情况下，犯罪人实施猥亵行为，都会使用强制手段，使用暴力、胁迫或者其他方法，以使被害人不敢反抗或者不能反抗。在教师性侵案件中，犯罪人在实施猥亵行为时，通常并不会直接采取暴力手段，而是往往利用老师的身份和地位，对学生造成一种威压，利用教师的权威达到让学生服从自己的目的，从而顺利实施猥

---

① 参见福建省长汀县人民法院（2015）汀刑初字第 11 号刑事判决书。

亵行为。这是胁迫的一种典型手段，也属于强制手段。

但在实际上，尤其是针对中小学生的猥亵行为中，犯罪分子除采取强制手段之外，也会较多地使用非强制方法，比如利用未成年人年幼无知和充满好奇心的特点，通过欺骗、引诱的方式实施。我国《刑法》对于儿童保护的力度大于成年人，因此不管犯罪分子有没有采取强制手段，只要对儿童实施了一定程度的猥亵行为，就构成犯罪。

所谓强奸行为，是指违背妇女意志，强行与妇女性交或与不满14周岁的幼女发生性关系的行为。我国《刑法》对于女性性权利采取分级保护制度，将女性分为年满14周岁的妇女和未满14周岁的幼女，区分依据是保护的客体不一样。针对前者，保护的是年满14周岁女性的性自主权利，而后者则保护幼女身心健康。因为年满14周岁的女性，性自主观念逐渐形成，基本能够自主行使性权利，因此犯罪人对其实施的强奸行为本质上侵害了其性自主权，即违背妇女意志。而未满14周岁的幼女，其身体特征尚未完全形成，性权利和性意识也未建立，一旦与其发生性行为，则很可能对其身心健康造成严重影响，因此针对未满14周岁的幼女，无论是否获得其同意，只要与其发生性行为，就构成犯罪。这也体现了我国从严惩治性侵未成年人犯罪的刑事政策。

我国《刑法》对于两类女性的保护，还存在一个区别，即强奸行为既遂的认定标准不同。针对已满14周岁的妇女，通说观点是两性器官结合说，即实施了两性器官插入的行为，就认定为强奸行为已经实施完成，构成强奸罪既遂。针对强奸对象为未满14周岁的幼女，通说观点是两性器官接触说，即只要两性器官接触就成立强奸罪既遂，无论是否插入。所谓既遂，是犯罪得逞。与之相对的是未遂，未遂则是犯罪未得逞。强奸罪无论既遂还是未遂，均应被追究刑事责任，不过后者通常依法从轻或减轻处罚。两种行为的既遂标准之所以不同，就是为了重点保护幼女的身心健康权益，从而对犯罪人实施不同的处罚。奸淫幼女型强奸罪依法从重处罚。因此在本案中，詹某脱下曾某裤子，用自己的生殖器摩擦曾某生殖器，该行为已经构成了对未满 14 周岁的幼女的强奸行为，并且强奸行为已经既遂。

🦉 法律小课堂

猥亵儿童罪

猥亵儿童罪，是指猥亵不满 14 周岁儿童的行为。其中，儿童不限性别，既包括男童，也包括女童。猥亵行为是指实施性行为以外的能够满足性欲和性刺激的有伤风化，以及损害他人性心理、性观念，有碍其身心健康的性侵犯行为。主要包括为了满足性欲和性刺激而实施的抠摸、抓捏、亲吻、玩弄等行为。猥亵儿童的行为可以是以强制的手段实施，也可以非强制的手段实施，如欺骗、引诱。

《刑法》对儿童年龄的界定为 14 周岁以下，并非人们经常认为的 12 周岁以下。这是根据《刑法》对刑事责任年龄的规定划分的。当前中小学学生绝大多数仍属于《刑法》中的儿童范畴。猥亵儿童的行为，不要求是否实施了强制手段，只要有针对儿童实施了猥亵行为就构成犯罪。其处罚力度要严于对 14 周岁以上的人实施的猥亵行为，这也充分体现了对于儿童身心健康权利重点保护的刑事政策。

强奸罪、强制猥亵、侮辱罪、猥亵儿童罪

——《中华人民共和国刑法》

第二百三十六条　以暴力、胁迫或者其他手段强奸妇女的，处三年以上十年以下有期徒刑。

奸淫不满十四周岁的幼女的，以强奸论，从重处罚。

第二百三十七条　以暴力、胁迫或者其他方法强制猥亵他人或者侮辱妇女的，处五年以下有期徒刑或者拘役。

聚众或者在公共场所当众犯前款罪的，或者有其他恶劣情节的，处五年以上有期徒刑。

猥亵儿童的，依照前两款的规定从重处罚。

——《最高人民法院　最高人民检察院　公安部　司法部关于依法惩治性侵害未成年人犯罪的意见》

1. 本意见所称性侵害未成年人犯罪，包括刑法第二百三十六条、第二百三十七条、第三百五十八条、第三百五十九条、第三百六十条第二款规定的针对未成年人实施的强奸罪，强制猥亵、侮辱妇女罪，猥亵儿童罪，组织卖淫罪，强迫卖淫罪，引诱、容留、介绍卖淫罪，引诱幼女卖淫罪，嫖宿幼女罪等。

2. 对于性侵害未成年人犯罪，应当依法从严惩治。

遭受侵害是否可以提起民事赔偿？

　　教师性侵学生并非特例。校园内教师性侵学生的案件，主要呈现以下几个特点：第一，犯罪人主要是成年男性教师，而且其中部分人年龄比较大，以中年男性为主。第二，性侵发生的学校大多是乡镇中学。一方面是因为这些学校大多为老师提供宿舍，学生也主要住校，这就间接为老师性侵学生提供了便利条件。另一方面是有些学校制度并不十分完善，在管理上存在疏漏。第三，性侵的对象主要是留守儿童；或是其父母外出打工，没有与父母生活在一起的未成年人；或是父母平时很忙，疏于照顾的未成年人。第四，校园性侵具有潜伏性、长期性、受害者多的特点。通常学生因为惧怕老师或是不知道自己的权益受到损害，就不敢或者不愿告知父母。这就导致老师性侵学生的行为通常是长期性的，并非一次的行为。并且老师的性侵行为并不会只针对一个学生，而是往往针对较多学生，因此呈现出受害者多的特点。

　　四川省广元市一所乡镇小学班主任谢某自

2012 年 9 月起至 2016 年 1 月期间，利用教师身份，在上课期间以给学生讲解作业为借口，在讲台上及检查学生抽屉卫生时，多次用手抠摸班级学生于某某、王某某、苟某某的背部、臀部及生殖器等敏感部位。

直到 2016 年 1 月，被害人于某某的舅妈察觉出于某某的异样，在与于某某聊天中得知其班主任谢某欺负她的事实后，本案才得以案发。后被害学生于某某、王某某在医院被诊断为处女膜陈旧性撕裂伤，苟某某被诊断为处女膜完全松弛待诊、慢性宫颈炎、盆腔积液待诊。

法院判决谢某犯猥亵儿童罪，判处有期徒刑十一年，并要求赔偿被害人于某某、王某某、苟某某共计 6 万余元。①

在本案中，谢某实施了对未成年人的猥亵行为，猥亵学生时间长，且猥亵对象多为 10~12 岁的女学生，犯罪情节恶劣，又因为其当众实施猥亵行为，应当加重刑罚，所以判处其有期徒刑 11 年。

根据我国《刑法》规定，聚众或者在公众场所当众实施强制猥亵行为的，应当加重判处刑罚；猥亵儿童的，还要从重处罚。本案中，谢某公然在教室里，当着同学们的面猥亵女学生，不管其他同学是否看到，就应当认定为当众实施。

另外，本案中法院还判处谢某赔偿三被害人民事损失，是因为本案被害人提起了刑事附带民事诉讼。所谓刑事附带民事诉讼，是指司法机关在刑事诉讼过程中，解决被告人刑事责任的同时，附带解决被害人因被告人犯罪行为而遭受物质损失赔偿问题的诉讼活动。简言之，也就是在公诉机关提起刑事诉讼的同时，被害人提出

---

① 参见四川省剑阁县人民法院（2016）川 0823 刑初 117 号刑事附带民事判决书。

要求被告人承担民事损失的一种诉讼。根据法律规定，人民法院审理刑事附带民事诉讼不收取诉讼费。在刑事附带民事诉讼中，人民法院既要审理被告人的刑事违法事实，也要审理被告人给被害人造成的物质损失。如果在案证据证明了案件事实，则被告人既要承担刑事责任，也要承担民事责任。此处的物质损失并不只是包括我们日常生活中的经济损失，被害人的人身损害也是属于物质损失的一种。因此，如果因为被告人的犯罪行为而使被害人在身体上造成了损害，也可以提起民事诉讼，要求被告人承担民事赔偿责任；但精神损害不能在刑事附带民事诉讼中提起，可以另行再就诉讼请求提起单独的民事诉讼。在本案中，因为谢某的猥亵行为，导致三名被害女学生不同程度地受到身体损害，其治疗费用等费用就可以向谢某要求赔偿，并且事实上也得到了法院的支持。

我国《刑法》对猥亵儿童行为规定了严重的刑罚，就是希望通过法律手段保护儿童的身心健康权益，以严厉的刑罚处罚犯罪人，以达到威慑的目的，也是告诉公众这是一条不能触碰的红线。但是近年来，校园内教师性侵学生的案件并不少，这证明校园安全工作还没有做到位。

结合校园教师性侵的特点，学校应当采取相应措施对症下药，才能有效防范校园教师性侵的发生。首先，学校应当加强对老师的住宿管理。很多学校都对学生宿舍严格管理，但是对教师宿舍的日常管理则有所放松，这是导致教师宿舍成为校园性侵主要发生场所的原因之一。其次，学校应当加强校园安全管理，建立日常巡查制度，特别是针对放学后超出一定时间未离校的学生情况进行排查。最后，监护人要切实履行好监护监管义务。比如针对年幼的孩子要按时接送上下学，尽量掌握孩子的动向，避免出现空窗期。此外，家长还要积极关注孩子在学校的生活和学习状况，要学会与孩子谈心，换位思考，取得孩子的信任。

此外，还要继续加强师德建设。绝大多数教师是优秀的，他们有能力、有责任心，但是仍然需要继续加强教师的师德作风建设。学高为师，身正为范。教师不仅是教书育人的"灵魂工程师"，更是守护校园安全的卫士。要使广大教师意识到，加强教师师德建设，是保障这个团体先进和纯洁的重要手段，从而使教师群体能够互相监督，早日发现"害群之马"。

🦉 **法律小课堂**

——《最高人民法院 最高人民检察院 公安部 司法部关于依法惩治性侵害未成年人犯罪的意见》

23. 在校园、游泳馆、儿童游乐场等公共场所对未成年人实施强奸、猥亵犯罪，只要有其他多人在场，不论在场人员是否实际看到，均可以依照刑法第二百三十六条第三款、第二百三十七条的规定，认定为在公共场所"当众"强奸妇女，强制猥亵、侮辱妇女，猥亵儿童。

25. 针对未成年人实施强奸、猥亵犯罪的，应当从重处罚，具有下列情形之一的，更要依法从严惩处：

（1）对未成年人负有特殊职责的人员、与未成年人有共同家庭生活关系的人员、国家工作人员或者冒充国家工作人员，实施强奸、猥亵犯罪的；

（2）进入未成年人住所、学生集体宿舍实施强奸、猥亵犯罪的；

（3）采取暴力、胁迫、麻醉等强制手段实施奸淫幼女、猥亵儿童犯罪的；

（4）对不满十二周岁的儿童、农村留守儿童、严重残疾或者精神智力发育迟滞的未成年人，实施强奸、猥亵犯罪的；

（5）猥亵多名未成年人，或者多次实施强奸、猥亵犯罪的；

（6）造成未成年被害人轻伤、怀孕、感染性病等后果的；

（7）有强奸、猥亵犯罪前科劣迹的。

32. 未成年人在幼儿园、学校或者其他教育机构学习、生活期间被性侵害而造成人身损害，被害人及其法定代理人、近亲属据此向人民法院起诉要求上述单位承担赔偿责任的，人民法院依法予以支持。

——《最高人民法院关于适用〈中华人民共和国刑事诉讼法〉的解释》

第一百三十八条　被害人因人身权利受到犯罪侵犯或者财物被犯罪分子毁坏而遭受物质损失的，有权在刑事诉讼过程中提起附带民事诉讼；被害人死亡或者丧失行为能力的，其法定代理人、近亲属有权提起附带民事诉讼。

因受到犯罪侵犯，提起附带民事诉讼或者单独提起附带民事诉讼要求赔偿精神损失的，人民法院不予受理。

——《中华人民共和国侵权责任法》

第三条　被侵权人有权请求侵权人承担侵权责任。

第四条　侵权人因同一行为应当承担行政责任或者刑事责任的，不影响依法承担侵权责任。

第十六条　侵害他人造成人身损害的，应当赔偿医疗费、护理费、交通费等为治疗和康复支出的合理费用，以及因误工减少的收入。造成残疾的，还应当赔偿残疾生活辅助具费和残疾赔偿金。造成死亡的，还应当赔偿丧葬费和死亡赔偿金。

如何防范校园内教师性侵？

教师性侵是校园性侵犯罪的类型之一，其不仅严重损害了未成年人的身心健康，还有损教师群体的整体形象。教师因为具有管理和指导学生的职责，因此更容易有机会对学生实施性侵。并且在实施之后，也能通过自己的教师地位，胁迫、恐吓学生保密。因此教师性侵具有潜伏性、长期性、受害者多的特点，具有严重的危害性。为此，应当积极预防教师性侵，呵护孩子成长。

1. 学校：完善对教师的管理、考评制度；加强教师的师德培养；加强教学区域巡查、寝室巡查。

2. 家长：了解孩子在校的学习和生活状况；尽量掌握孩子的活动状况，避免孩子出现一人独处的空窗期；定期与孩子交流，了解孩子想法，取得孩子信任。

3. 学生：尽量避免与异性老师在封闭空间里单独相处，比如宿舍、教师办公室等；随时向家长通知自己的行踪活动，保持与家长的联系；定期和家长交流沟通，及时反馈自己在学校的生活和学习状况。

网友还是“狼友”？

　　随着当前网络信息化的迅速发展和普及，中学生也深度融入网络生活。网络是一把双刃剑，一方面它可以使我们更加快速便捷地与外界联系，开阔眼界、增长见闻。但另一方面网络世界纷繁复杂，如果监管不当也极其容易误导未成年人树立错误价值观念和养成不良生活习惯。比如，未成年人可以通过互联网学习课程知识，参加教师答疑等有助于学习的活动，此时互联网为学校教学提供了丰富的学习资源和拓展渠道。但也有些未成年人沉迷网络游戏之中不能自拔。这类由互联网引起的不良现象很多，网友性侵便是其中危害性非常大的一种。

　　所谓网友性侵，是指未成年人（主要是指女生）通过网络即时聊天软件（如微信、微博、QQ等）结交朋友，而后被网友实施性侵犯的现象。这类现象在实际生活中并不少见，已经成为了校园性侵中一个重要类型。

　　年仅 15 岁的苏某是一名初三女学生。苏某通过网络游戏认识了网友龙某，龙某 30 余岁，无业。两人互留联系方式、互加好友后，龙某诈称自己是一名高中生，并经常和苏某保持联系。龙某将下载的一名高中生网络图片当做自己的照片发给苏某，并采取一系列方法伪装自己的高中生身份，待到已经完全取得苏某信任后，龙某主动约苏某见面。苏某到了约定地点后，龙某将其接上车，然后强行将其拉到了酒店，与苏某发生了性关系。之后，龙某使用手机等设备拍摄了苏某大量裸照，并以此威胁继续与其发生性关系。

而后，龙某又以散布裸照及编造虚假债务须由苏某偿还为由，强迫苏某卖淫。通过散布隐含卖淫内容的兼职信息招揽嫖客，最终促使苏某向周某等三人卖淫。并且在苏某拒绝继续卖淫后，通过发送微信、信息等方式对其进行要挟，进而在苏某的校园通信群里散布苏某个人隐私及裸照。后苏某的父母和老师知情后报警。

法院判决龙某犯强奸罪，判处有期徒刑五年；犯强迫卖淫罪，判处有期徒刑十年，数罪并罚，共执行十五年有期徒刑。①

网络世界与现实世界不同，其并不是一一对应的关系，因此很难辨别网友在网络世界上呈现的形象是否与现实世界相符合。一方面是因为网络世界是虚拟的，网络世界的身份不一定是现实中的身份。比如在本案中，对方在网络上自称的高中生身份就与现实极不吻合。另一方面，即使网络世界上的身份与现实世界中的一致，但是也可能会体现出两种不同的性格。正是由于网络世界打破了现实中身份的固化，所以有些人在网络上会体现出与现实中不同甚至相反的性格。有些人在网上非常活跃，但现实生活中却沉默寡言；有些人在现实中正派公道，在网络上却感性激愤、胡言乱语。造成这种现象的原因很多，比如网络环境刺激行为人刻意伪装自己或者网

---

① 参见天津市宝坻区人民法院（2016）津 0015 刑初 387 号刑事判决书。

络激发了行为人另外的兴趣点等。因此网络世界中的任何情况在没有进行验证之前，都不能轻信。

在本案中，龙某先强行与苏某发生了性关系，这种行为是采取了强奸罪中的暴力手段，这也是强奸罪中犯罪人经常使用的手段。而后龙某拍下了苏某的裸照，并以此为威胁，要求苏某继续和他发生性关系，这种行为是强奸罪中的胁迫行为。强奸罪，是指行为人违背女性的意志，强行与女性发生性关系的行为。违背女性的意志，是指在客观上使用暴力或者胁迫手段。被害女学生苏某第一次被犯罪人强奸，对方使用了暴力手段压制苏某，使她不能反抗。胁迫手段与暴力手段不同，它主要是使被害人在精神上产生恐惧和压迫，使其不敢反抗，比如利用地位、职权、威胁等。本案中犯罪人龙某拍摄了苏某的裸照并以公布照片作为威胁，要求苏某与他持续发生性关系，就是使得苏某在精神上产生恐惧，让她不敢反抗，这是典型的胁迫手段。在司法实践中认定是否构成胁迫并不是以第三人的判断为标准的，而是要考虑被害人的恐惧程度，可能有些行为对于第三人来说并不构成威胁，但是对于被害人来说就构成，那么就应当认定为胁迫。

除此之外，龙某还利用苏某的裸照进行威胁，强迫其向周某等三人提供卖淫，该行为构成了我国《刑法》中的强迫卖淫罪。强迫卖淫罪，是指使用暴力、胁迫、虐待等强制方法迫使他人卖淫的行为。犯罪人一方面实施强迫他人进行卖淫的行为，另一方面又为卖淫活动招揽顾客，收取嫖资。这种行为严重损害了社会的公序良俗和公民人身权利，对被害人的身体和精神造成了严重的损害。因此，对于强迫未成年人实施卖淫的，应当从重处罚。

本案中，被害人苏某其实遭受了双重伤害，一次来自龙某的强奸行为，另一次是之后的被迫卖淫行为。酿成如此严重的悲剧，除了苏某不具备良好的自我保护意识之外，还在于其面对威胁时的软弱和妥协。殊不知，对犯罪人的妥协和软弱会使自己受到更大的伤害。其实解决这种问题最直接也是最好的方法就是及时报警，寻求警察帮助。在现实中有很多受害者，因为受到了犯罪人的胁迫，精神上就不敢反抗，即使现实中有机会可以报警解决，但她们就是没有行动。她们的内心对于犯罪人抱有一丝幻想，总是觉得满足他们这一次欲望，对方就会收手。可是犯罪人的欲望怎么可能会被完全满足，所以对于犯罪人不能抱有侥幸心理。

网络世界中会存在很多的"恶"，因为它还有很多没有被规范和约束的地带，它的发展也不健全。未成年人应当了解网络世界中存在的"恶"，然后去正视这些"恶"。网络的确能给我们带来很多便利，但我们在享受便利的同时也要提高警惕，增强防范意识。当我们面对伤害的时候，也应该勇敢告知自己的父母、老师，并向警察寻求帮助。

🦉 法律小课堂

强奸罪中的"胁迫行为"

胁迫行为，是指以杀害、伤害、职权、地位、揭发隐私等相威胁、恫吓，对被害人进行精神强制的手段，意图使其不敢反抗。

胁迫行为不同于暴力行为，后者通常表现为物理性的攻击，主要是针对被害人的身体，达到控制被害人身体的状态，使其不能反抗。而胁迫并没有物理性攻击，主要针对被害人的精神，使被害人在精神上受到强制和压迫，从而不敢反抗。本案中，龙某以发裸照作为威胁，就是以揭发隐私的方式对苏某实施胁迫。

我国法律规定，只要犯罪人实施了这些行为，就可以构成胁迫。至于是否在实际上使被害人受到精神强制，从而使其不敢反抗，则在所不问。

组织卖淫罪、强迫卖淫罪、协助组织卖淫罪

——《中华人民共和国刑法》

第三百五十八条　组织、强迫他人卖淫的，处五年以上十年以下有期徒刑，并处罚金；情节严重的，处十年以上有期徒刑或者无期徒刑，并处罚金或者没收财产。

组织、强迫未成年人卖淫的，依照前款的规定从重处罚。

犯前两款罪，并有杀害、伤害、强奸、绑架等犯罪行为的，依照数罪并罚的规定处罚。

为组织卖淫的人招募、运送人员或者有其他协助组织他人卖淫行为的，处五年以下有期徒刑，并处罚金；情节严重的，处五年以上十年以下有期徒刑，并处罚金。

——《最高人民法院　最高人民检察院　公安部　司法部关于依法惩治性侵害未成年人犯罪的意见》

26. 组织、强迫、引诱、容留、介绍未成年人卖淫构成犯罪的，应当从重处罚。强迫幼女卖淫、引诱幼女卖淫的，应当分别按照刑法第三百五十八条第一款第（二）项、第三百五十九条第二款的规定定罪处罚。

对未成年人负有特殊职责的人员、与未成年人有共同家庭生活关系的人员、国家工作人员，实施组织、强迫、引诱、容留、介绍未成年人卖淫等性侵害犯罪的，更要依法从严惩处。

交友要擦亮眼睛

在未成年时期，校园学习是生活中的一个重要部分。但随着年纪的增长，社交活动开始逐渐增多，未成年人开始走出校门，逐渐接触到更多的人。一方面这有助于锻炼未成年人的社会交际能力，结识不同的人更有利于未成年人形成完整健全的人格；但是另一方面，校园环境因为没有利益的纠葛，因此比社会环境更加单纯和充满正能量，所以未成年人在社会交际中容易交友不慎，轻则影响学习生活、重则将会误入歧途，遭受伤害。

被害人朱某是某初中一名女学生，14岁。在学校期间通过同学殷某认识了待业青年冷某。两人之后通过社交软件不断联系，感情逐渐加深。某晚上，冷某将被害人朱某带至其一位朋友曲某的住处。由于朱某输牌较多致过量饮酒，醉酒后躺在沙发上。冷某趁被害人朱某醉酒之机亲吻、抚摸朱某，然后将被害人的上衣和胸罩掀起，将裤子脱至被害人膝弯处，抚摸被害人的胸部，并用手机拍摄被害人裸露胸部及阴部的照片数张。

次年 3 月，冷某联系被害人朱某要求见面，遭到拒绝后，冷某发出朱某的一张裸照，并以将裸照发到网上、贴满校园相威胁，要求与被害人发生三次性关系，被害人朱某被迫答应当日与之发生一次性关系。晚 21 时许，冷某开车至朱某的学校试图将她接走，但因朱某躲避而未果。被害人朱某感到害怕，随后将情况告知亲属，并在亲属陪同下向公安机关报案。

法院判决冷某犯强制猥亵罪，判处有期徒刑一年；犯强奸罪（预备行为），判处有期徒刑六个月。两罪并罚，决定执行有期徒刑一年三个月。①

本案是一起因交友不慎而遭受性侵的典型案例。犯罪人的作案手段是性侵犯罪中比较常见的方式。网友性侵、朋友性侵不同于犯罪人对陌生人临时起意而实施的性侵，通常具有一定时间进行谋划，因此性侵行为通常具有长期性，对被害人的伤害也更大。在本案中，冷某实施了两种犯罪行为。第一种是在被害人朱某醉酒之后，实施了亲吻、抚摸、拍摄身体隐私部位的行为，该行为已经构成了强制猥亵罪。第二种是为了实施强奸行为而威胁朱某，在去接朱某时被意志以外的原因打断，构成强奸罪的预备行为。

本案中冷某实施的强制猥亵行为，并不是以暴力或者胁迫方式实施的，而是趁朱某醉酒后实施的。有人认为，醉酒是朱某自己主动选择的，而且醉酒后也并非完全没有意识，这种情况下认定强制猥亵有所不妥。但并非如此，《刑法》中规定的强制猥亵罪的手段包括暴力、胁迫和其他手段。这里的其他手段是指除了暴力、胁迫手段以外，其他使被害人不知反抗或不能反抗的手段，最典型的手

---

① 参见湖南省益阳市赫山区人民法院（2015）益赫刑一初字第 412 号刑事判决书。

段包括用药麻醉、用酒灌醉。不知反抗是指受害人不知道自己正遭受到侵害，所以不知道进行反抗。不能反抗是指受害人虽然知道自己受到侵害，但是身体不受自己意识控制，所以不能反抗。本案中，冷某从一开始就是想要用酒来将被害人朱某灌醉，然后利用其不能反抗的状态，对朱某进行性侵，属于典型的强制猥亵行为。

此外，冷某的第二个犯罪行为中的预备行为，是故意犯罪行为的一种未完成状态，概言之，就是为了实施犯罪而创造便利条件的行为。根据我国《刑法》规定，犯罪预备行为有两种样态：为了实施犯罪而准备犯罪工具的行为；为实施犯罪而创造便利条件的行为。为了实施犯罪而准备犯罪工具是指犯罪人为了实施犯罪而准备器械物品。常见的如管制刀具、枪支、爆炸物、有毒药物、绳索棒斧等。所谓为实施犯罪创造便利条件，是指为方便实施犯罪而进行的一系列除准备犯罪工具之外的准备活动。司法实践中，常见的包括：为实施犯罪而事先调查犯罪场所、被害人行踪轨迹；为实施犯罪而事先进行练习，如意图实施盗窃罪而进行扒窃练习；前往犯罪场所等候或者诱骗犯罪人等。上述具体的行为都是为了实施具体犯罪而所做的准备行为。

因此，预备行为有三个特征。第一，行为人实施的是《刑法》分则规定的具体犯罪实行行为之前的准备行为，是具体犯罪的事前行为。犯罪预备行为是客观上的行为，必须要求行为人实施具体的实际举动。第二，行为人尚未着手实施犯罪的实行行为。所谓实行行为就是《刑法》分则规定的具体犯罪构成客观方面的行为。这就意味着犯罪预备行为是行为人尚未实施实行行为即告停止。比如行为人意图故意杀害被害人，在家磨刀时被发现，尚未进行到实际的刺杀阶段。第三，行为人尚未着手实施实行行为是因为行为人意志以外的原因。这意味着行为人并不是自愿停止，而是由于其不能控制因素所致。

在本案中，冷某先是用裸照威胁朱某要求与其发生性关系，而后去学校接被害人，这些行为都是为了实施强奸行为创造便利条件。但是因为朱某的躲避及其老师和同学的介入，使得冷某没有成功实施接下来的强奸行为，从而导致犯罪停止，这是冷某意志以外的因素导致的，因此冷某成立强奸罪的预备。因为犯罪预备行为并没有着手实施具体犯罪的实行行为，造成的社会危害性较小，但仍然在一定程度上造成了社会危害，因此依照我国《刑法》，对于犯罪预备，可以比照既遂犯从轻、减轻或者免除刑罚。

这个案件给未成年人最大的教训就是切莫交友不慎。未成年人在成长中会结识很多人，那么交朋友的时候就要擦亮眼睛。未成年人自己要有一个"朋友"的标准。一个合格的朋友首先要做到真诚待人、不隐瞒、不欺骗。其次是在你遇到困难时能够帮助你、在你迷茫时点拨你、在你放弃时给你希望，在你挑战时为你加油。他们能够把你当成是自己人生中重要的人，他们愿意守护你、陪伴你。那些带你离经叛道、脱离正轨，吃喝玩乐的"朋友"，是真正酿造你悲剧人生的重要推手。

🦉 法律小课堂

犯 罪 预 备

——《中华人民共和国刑法》

第二十二条　为了犯罪，准备工具、制造条件的，是犯罪预备。

对于预备犯，可以比照既遂犯从轻、减轻处罚或者免除处罚。

网友（朋友）性侵是校园性侵犯罪的重要类型。网友或者朋友性侵在实际生活中的犯罪数量要多于教师性侵和同学性侵。主要原因在于，网友（朋友）性侵主要发生于学生的日常生活中，与学生的交友行为有直接关系。而在学校教育中，对这方面的教育是比较薄弱的环节，因此学生就可能树立错误的交友观。因此，防范网友（朋友）性侵，我们需要做到：

1. 学生：提高交友防范意识，谨慎交友，树立正确的交友观。不沉迷于网络世界，提高网络交友的辨别能力；尽量避免与不良异性朋友在封闭空间内单独相处；在没有家人的同意和陪同下，不独自会见网友；养成良好的生活习惯，不晚归、不在外过夜、不过量饮酒；经常和父母交流、沟通。

2. 家长：了解和掌握子女的交友状况，为他们普及正确的交友观。严格管教子女，禁止夜不归宿，养成良好的生活习惯；时刻掌握子女的外出行踪动向；经常和子女交流沟通。

3. 学校：加强学生德育教育工作，培养学生正确的交友观和价值观。注重学生的日常交际管理和引导；严格规范校园安全管理制度，如校园出入制度、宿舍管理制度，及时掌握在校学生的动向。

苦涩的"禁果"

　　校园性侵中还有一部分伤害是来自同学。随着未成年人逐渐成熟，第二性特征逐渐发育、性意识开始觉醒，异性之间的吸引增加。此时如果不能加以正确引导，未成年人很容易陷入感情的误区，与同学发生性行为。此事轻则影响未成年人的身心健康，重则可能会涉嫌犯罪。

　　同学性侵与教师性侵、网友性侵有着较大的区别。首先，同学性侵现象在司法实践中发生的概率并不高，是校园性侵中占比较少的一类。因此对于同学性侵可以有效地进行预防和解决。其次，同学性侵对于被害人的身心伤害程度要小于教师性侵和网友性侵。同学性侵中有一部分案件是因为双方自愿过早地发生了性关系，违反了我国《刑法》的规定，因此被认定为性侵的情况。在这一部分案件中，双方当事人是在具备了一定的感情基础上，自愿发生性关系的，并没有使用暴力、胁迫或者其他手段，因此对于被害人的身心健康伤害较小。最后，在同学性侵中，犯罪人的人身危害性要远小于教师性侵和网友性侵。总结实践中发生的案例，同学性侵事件的发生动机往往是临时起意，他们大部分都没有认识到自己实施的是犯罪行为，事后通常表现出彷徨和害怕。因为犯罪人不具备很强烈的强奸动机和欲望，因此在同学性侵中未遂、自动中止的现象比较常见。

15 岁的程某是某中学初三学生，在日常学习生活中与同班同学，年仅 13 岁的凌某暗生情愫，互相仰慕。久而久之，两人便走到了一起，之后两人发生了性关系。因为凌某的抑郁等不正常的表现引起了其父母注意，在父母的逼问下，凌某向父母说出了实情。凌某父母一气之下，选择了报警，要求追究程某强奸罪的刑事责任。警方了解情况过后，依法选择了不立案处理。虽然程某并没有被追究法律责任，但因为此事已被公开，他承受不了巨大的压力，被迫移居到另外一个城市生活。而凌某也从此开始郁郁寡欢、不愿意见任何人。①

青春期的恋爱，如同树上还没有彻底成熟的青苹果，散发着清香，但苦涩难以下咽。本来是成绩优异的优秀学生，大好的青春年华，但却因为这件事变得乌云密布，实在是可惜。最怕是一步走错，再挽回也于事无补。有些事情，比如谈恋爱，本来是一件十分美好的事情，但它出现在不该出现的时期，带来的就不是美好而是烦恼。

在本案中，程某与凌某自愿发生性关系，却被凌某的父母报警要求追究程某强奸罪的刑事责任，这并非是没有任何法律依据的。我国《刑法》规定，虽然构成强奸罪必须要求违背女性意愿，但这里的女性只是针对已满 14 周岁的妇女。对于未满 14 周岁的幼女，不管是否取得她们的同意，只要跟她们发生了性关系，就可能涉嫌

---

① 改编自 H 省未成年犯管教所真实案例。

强奸罪。本案中凌某的年龄只有 13 岁，依照我国《刑法》的规定，程某与凌某发生性关系的行为已经构成了强奸罪。按照我国《刑法》对于刑事责任年龄的划分，14 周岁以下的人不具备刑事责任能力，即使他们实施了一些犯罪行为，但也不处罚他们。已满 14 周岁但未满 16 周岁的人会构成八种犯罪，并对这八种犯罪承担刑事责任，其中就包括强奸罪。已满 16 周岁的人，就具有完全刑事责任能力，对自己的全部行为负责。只要实施了犯罪行为，就会触犯相应罪名，受到法律制裁。本案中程某已经 15 岁了，自然要对八种犯罪中的强奸罪承担刑事责任，所以他的行为是涉嫌犯罪的。而凌某的年龄只有 13 岁，只要与其发生了性关系，那么无论凌某是否同意，都触犯强奸罪。因此凌某的父母执意主张程某构成强奸罪，也是具有法律依据的。

但是最后公安机关在了解具体情况之后，选择了不立案处理，这也是符合法律规定的。程某和凌某两个人是相互欣赏，自愿在一起的，只是缺乏了正确的引导和教育，才走到了这一步，不过幸好也没有发生严重后果。根据 2013 年《最高人民法院、最高人民检察院、公安部、司法部关于依法惩治性侵害未成年人犯罪的意见》，已满 14 周岁不满 16 周岁的人偶尔与 14 周岁以下的幼女发生性行为，只要是双方基于自愿，情节轻微，没有造成严重后果的不认为是犯罪。因此，公安机关最后没有立案追究程某的强奸罪的刑事责任，是符合我国关于未成年人犯罪刑事政策的。

通过这个案例，我们还应该关注到凌某父母的行为。凌某父母能够及时观察到凌某在与程某发生性关系之后的异常表现是值得肯定的。通常，未成年人在第一次与异性发生性关系之后，内心会生成一种自我否定，开始怀疑自己、情绪多变、抑郁迷茫、无心学习。这些表现往往是比较明显的，父母应当要及时留意。但是凌某父母之后选择报警的做法就值得商榷了。青春期发生的这种私密事情，本来对于两个孩子的内心就有着比较深的影响，父母此时应当选择和他们进行深入交流和引导，最好是能够以朋友的身份进行平等沟通。不要一味地责怪和抱怨，而首先应当开导他们，让他们放下心理包袱，重新回归正常的生活。其次，要强调过早发生性行为的危害，帮助他们树立正确的价值观，做好预防工作。本案中凌某父母的做法不值得效仿。凌某父母把这件事搞得满城风雨，最终影响的还是两个孩子。

🦉 法律小课堂

刑事责任年龄

刑事责任年龄，是指达到法律规定的行为人对自己实施的危害社会行为负刑事责任所必须达到的年龄。详言之，行为人实施了危害行为是否构成犯罪，是否应当负刑事责任，是需要视其年龄是否达到法律规定的，如果没有达到法律所规定的年龄，那么就不负刑事责任。

我国将刑事责任年龄划分为 3 个层次：

第一层次：完全不负刑事责任年龄阶段。该阶段的人群是不满 14 周岁的人。只要行为人没有达到 14 周岁，即使他实施了危害社会的行为，也不构成犯罪。但可以责令家长或监护人加以管教，在必要的时候，也可以由政府收容教养。

第二层次：相对负刑事责任年龄阶段。该阶段主要是已满 14 周岁不满 16 周岁的人。在这个年龄阶段，行为人要对八种危害社会的行为负刑事责任，包括：故意杀人、故意伤害致人重伤或死亡、强奸、抢劫、贩卖毒品、放火、爆炸、投放危险物质。除了这八种行为之外，该阶段的人对其他的行为不负刑事责任。

第三层次：完全负刑事责任年龄阶段。该阶段主要是指已满16周岁的人。对于这一年龄阶段的人，就要对其实施的危害社会的行为承担刑事责任。

——《最高人民法院　最高人民检察院　公安部　司法部关于依法惩治性侵害未成年人犯罪的意见》

27. 已满十四周岁不满十六周岁的人偶尔与幼女发生性关系，情节轻微、未造成严重后果的，不认为是犯罪。

据此规定，如果双方是自愿发生性关系，而且情节轻微，尚未造成严重后果的，可以不以强奸罪论处。但是如果情节恶劣，比如行为人使用了暴力手段，或者造成严重后果，比如致使幼女怀孕，或者致使幼女身心健康遭到严重损害，就应当以强奸罪定罪处罚。

变质的"同学情"

青春期的未成年学生，与异性在校外交往时需要注意时间与场合。首先应当避免在深夜时间外出。其次应当尽量避免与异性在一些场合中单独相处，比如歌厅包厢、网络会所包间、学校公寓等。据统计，同学性侵的地点多在歌厅包厢、网络会所包间等，因此在这些场合应当多注意。

2013年7月某日21时30分许，李某给其同学吴某打电话并将其约出来。吴某同意后就邀请另外两名女同学一起前往。三人与李某会合，李某遂与吴某等人一起散步聊天到23时许。吴某等人提出要回家，李某就百般拖延，并拦住吴某等人不让其回家，还打电话告诉另外两名男同学。过了一会，另外两名男同学赶到，三人强行将三名女同学带到李某的住处。到李某家后，李某将吴某拉进卧室里，强行将吴某推到床上，并用双手将其抱住，开始实施强吻。并用右手强行抚摸吴某的乳房，后意图脱下吴某的裤子，但因吴某反抗而未能实现。于是李某将手伸进吴某的裤子里面抚摸其阴部，吴某称其不方便。李某伸手摸到卫生巾后，放弃了自己的行为。后李某起来穿上衣服，将吴某送回家。法院判决被告人李某犯了强奸罪，判处有期徒刑九个月，缓刑一年。①

近些年，类似这样的案例发生的数量越来越多。未成年人成熟时期逐渐变早，如果在青春期缺乏对两性的教育，那么极有可能使得未成年人无法正确处理好感情问题从而走向违法犯罪道路。现在学校和家长还处于谈"性"色变的状态，缺乏在青春期对未成年人进行性知识的普及教育和引导。相较于青春期心理教育来说，学习是重点任务，所以在实践中往往就会忽视对学生在青春期应当具有的两性知识教育。未成年人因为日常接触多，很容易产生欣赏的好感，如果双方都互相欣赏，那么很可能两人就会谈恋爱，从而忽略学习。但是如果另一方并没有这种感觉，喜欢的那一方很可能就因为此事而烦恼、抑郁甚至违法犯罪。所以，如果不及时引导和教育，最终可能造成不好的结果。所以未成年人一定要控制好自己的感情，调整好与同学相处的模式，同时也要掌握好尺度。始终要把学习放在首位，不要因为感情的事情而影响自己的心态。

在本案中，被害人吴某对于李某最初存在一定欣赏，不然也不会在深夜因为李某的一个电话而出来见面。只是这种欣赏可能并不是男女之间的感情，而是纯粹的同学友谊。但是未成年同学之间的相处有时没有把握好分寸，致使有些同学误将单纯的同学情当做爱慕之情，因而错误地理解了他人意思，最终走上犯罪的道路。那么如何保持正常的同学交往呢？首先，在与同学相处中应保持适当的距离，不要过分亲密。其次，尽量避免和异性同学单独在封闭空间内相处。如果已经进入封闭空间，应先观察环境。若异性同学的可

---

① 参见海南省儋州市（2014）儋刑初字第 51 号刑事判决书。

信任度不高，那么应当迅速找时机离开。最后，如果遇到类似本案中李某拦着吴某不让其离开的情形，可以先用合适的言语来缓和情况，不要决绝地答复，以免刺激对方的心理，从而将自己置于险境。

本案中，李某的行为被法院认定为强奸罪未遂。未遂，是故意犯罪的又一种未完成形态，是指犯罪还没有完成《刑法》分则规定的实行行为，属于犯罪人意志以外因素导致的致使犯罪无法继续进行下去的状态。与之相对应的，是既遂状态，即犯罪人已经实施了《刑法》分则规定的行为。简而言之，既遂就是完成了犯罪，而未遂就是没有完成犯罪，是由于犯罪人意志以外的因素导致的。比如，小偷知道被害人家里有一个名贵花瓶，于是就趁着被害人家里没有人的时候偷偷潜进去。在准备偷走花瓶时，发出了声响，惊动了被害人家里的狗，引得狗大叫，最后吓得小偷落荒而逃。小偷的行为就构成盗窃罪未遂。他没有偷走花瓶，并不是因为他自己不想偷走而是惊动了狗，不能偷走，这是他意志以外因素导致的，所以属于未遂行为。

区分犯罪未遂和犯罪既遂的关键是看行为人是否实施完成《刑法》分则规定的实行行为。有些犯罪，判断犯罪人是否实施完成《刑法》分则规定的行为是比较简单直接的。比如盗窃罪、诈骗罪，完成的表现就是行为人实现了对盗窃、诈骗财物的占有和支配。但有些犯罪却并不是这么简单。因此我国《刑法》对犯罪规定了既遂标准，实施的行为达到既遂标准，那么就认定的行为构成既遂；反之则成立未遂。如前所述，强奸罪的既遂标准按受侵害对象的不同而有所区分，对已满14周岁的女性，既遂标准是两性器官插入说；而对未满14周岁的幼女，既遂标准是两性器官接触说。犯罪未遂造成的危害低于犯罪既遂，因此，法院在量刑上，依法比照既遂从轻或者减轻处罚。

在本案中,李某已经着手实施强奸吴某的行为,但是因为吴某正值月经期而未得逞,这属于意志以外的因素,并且李某和吴某实际上也没有实现两性器官的结合,所以是强奸罪未遂。虽然是强奸罪未遂,但未遂并不代表不是犯罪,未遂也是犯罪,它是犯罪的一种未完成形态。所以李某虽然是犯罪未遂,最后量刑也比较轻,但是依然构成犯罪。法院对李某宣告缓刑的理由在于,被告人系未成年人,有悔罪表现,犯罪系未遂,不羁押不致再危害社会,这是符合《刑法》规定的。如果李某在缓刑考验期内违反规定,仍然要被收监执行原判刑罚。所以我们在校园普法教育时,一定要跟同学们讲清楚什么情况构成犯罪,违法犯罪的事情千万不能做,也不要在违法犯罪的边缘试探,要遵纪守法、远离犯罪。还有,当我们的合法权益受到侵害的时候,要大胆地拿起法律武器,勇于维权,要记住法律是保护我们合法权益的重要利器。在未年成人的成长过程中,要始终保持对法律的一颗敬畏之心,对于他人的合法权益应当尊重和保护,只有这样,自己的合法权益才能够得到保护、不受侵犯。

🦉 法律小课堂

(一) 犯罪未遂

——《中华人民共和国刑法》

第二十三条 已经着手实行犯罪,由于犯罪分子意志以外的原因而未得逞的,是犯罪未遂。对于未遂犯,可以比照既遂犯从轻或者减轻处罚。

（二）缓刑

第七十二条　对于被判处拘役、三年以下有期徒刑的犯罪分子，同时符合下列条件的，可以宣告缓刑，对其中不满十八周岁的人、怀孕的妇女和已满七十五周岁的人，应当宣告缓刑：

（一）犯罪情节较轻；

（二）有悔罪表现；

（三）没有再犯罪的危险；

（四）宣告缓刑对所居住社区没有重大不良影响。

宣告缓刑，可以根据犯罪情况，同时禁止犯罪分子在缓刑考验期限内从事特定活动，进入特定区域、场所，接触特定的人。

被宣告缓刑的犯罪分子，如果被判处附加刑，附加刑仍须执行。

第七十三条　拘役的缓刑考验期限为原判刑期以上一年以下，但是不能少于二个月。

有期徒刑的缓刑考验期限为原判刑期以上五年以下，但是不能少于一年。

缓刑考验期限，从判决确定之日起计算。

第七十四条　对于累犯和犯罪集团的首要分子，不适用缓刑。

第七十五条　被宣告缓刑的犯罪分子，应当遵守下列规定：

（一）遵守法律、行政法规，服从监督；

（二）按照考察机关的规定报告自己的活动情况；

（三）遵守考察机关关于会客的规定；

（四）离开所居住的市、县或者迁居，应当报经考察机关批准。

第七十六条　对宣告缓刑的犯罪分子，在缓刑考验期限内，依法实行社区矫正，如果没有本法第七十七条规定的情形，缓刑考验期满，原判的刑罚就不再执行，并公开予以宣告。

第七十七条 被宣告缓刑的犯罪分子，在缓刑考验期限内犯新罪或者发现判决宣告以前还有其他罪没有判决的，应当撤销缓刑，对新犯的罪或者新发现的罪作出判决，把前罪和后罪所判处的刑罚，依照本法第六十九条的规定，决定执行的刑罚。

被宣告缓刑的犯罪分子，在缓刑考验期限内，违反法律、行政法规或者国务院有关部门关于缓刑的监督管理规定，或者违反人民法院判决中的禁止令，情节严重的，应当撤销缓刑，执行原判刑罚。

校园虐待篇

　　近些年，校园中学生被老师体罚虐待的案件经由新媒体强力折射而尤其引人注目。未成年人群体的自我辨识和控制能力较差，生活中容易对学校的教育管理造成很多不便，一些监护、看护主体有时为了减少麻烦而实施打骂及其他虐待行为，侵犯了未成年学生的身体健康权。《刑法修正案（九）》增设虐待被监护、看护人罪，为预防和控制校园虐待提供了强有力的法律武器。

教师惩戒权还是非法暴力？

老师是神圣的职业，老师传播知识，更播撒爱。在教育的过程中，每个老师所采取的方式都不一样，针对不同学生也会因人而异。但法律底线是任何人以任何方式都不可逾越的。暴力行为是严令禁止的教育方式，教师绝不能越界。

2016年5月3日8时30分许，被告人刘某某在阎良区某某镇中心小学六年级二班上数学课时，因该班学生武某某未完成作业，在对其教育时，用脚踢了武某某，武某某躲闪，刘某某踢到武某某身体侧部，致其身体受伤。后被告人刘某某立即与学校老师将被害人武某某送至西安市阎良区人民医院治疗。经诊断，被害人武某某系外伤性脾脏破裂。西安市阎良区公安司法鉴定中心鉴定：武某某之损伤构成重伤二级。

被告人刘某某犯过失致人重伤罪，判处拘役六个月。①

---

① 参见陕西省西安市阎良区人民法院（2016）陕0114刑初83号刑事判决书。

本案系老师教育方式失当，侵犯学生身体健康权的情形。身体健康权是自然人以保持其肢体、器官和其他组织完整性为内容的人格权。其客体为身体即自然人的躯体，包括四肢、五官及毛发、指甲等。身体健康权是公民的基本权利，受法律保护。严重侵犯身体健康权的行为，有可能构成犯罪。《刑法》第四章专章规定侵犯公民人身权利、民主权利的犯罪，包括故意杀人罪、故意伤害罪等。身体健康权作为公民人身权利的重要部分，受到《刑法》全面保护。

本案中，刘某某在教育过程中，用脚踢了武某某，造成其外伤性脾脏破裂，构成重伤，这是典型的侵犯公民身体健康权行为。在踹此脚时，刘某某没有伤害武某某的故意，他根本不希望武某某受伤，这从武某某倒地时刘某某的惊惧和立刻将武某某送往医院的行为中可以推断。但是，在刘某某向武某某出脚之时，刘某某应当预见到武某某十多岁的身体可能无法承受住这一脚，武某某不会躲闪或者因为别的原因被踢到脆弱的身体部位，人的身体很脆弱，尤其是某些部位，是不能承受重大外力的。即便是一位年轻力壮的人，如果被踹到肾脏，也是非常危险的。这一点是刘某某应该想到的，而他因为疏忽大意没有想到，结果造成了武某某的重伤。因此，他具有过失。

刘某某踢此脚时，其中介入了武某某的躲闪行为（若武某某未躲闪，也许并不会踢到脾脏），这是否中断刘某某的伤害行为与重伤结果之间的因果关系？答案是否定的。武某某在遭遇伤害时，身体的躲闪乃是正常反应。这是任何一个正常人在当时情况下都可能会有的反应，而且单纯的躲闪完全不会造成伤害结果。最终造成重伤结果的仍然是刘某某的伤害行为。因此，刘某某的过失伤害行为造成了武某某的重伤结果，二者具有刑法上的因果关系，刘某某构成过失致人重伤罪。

在教育领域，老师具有一些适当的惩戒权，以便更好地对学生进行管理和教育，但必须在合理范围内。"棍棒教育"不再是我们这个时代所推崇的，孩子们的独立性和人格尊严更需要得到关注。不管是家庭教育还是学校教育，都要讲方法，光凭打骂是无法达到目的的，还会伤害孩子的身心健康，暴力行为是绝对不允许的。这里的暴力，不包括如打手心、罚站这种轻微程度、不会造成难以恢复的、影响身体机能的伤害。对于身体的侵犯，老师们都需要多加注意，毕竟孩子身体脆弱，很多时候无心之举都容易造成孩子身体上的问题。

教育惩戒与暴力

在教育学领域，惩戒权一般被认为是对学生教育的一种辅助性手段，有助于激发学生的羞耻感和责任心，帮助学生分清是非，认识错误，起到一般教育方法不能达到的效果。在教育实践活动中，惩戒权是教师为维持教育活动、保证教学正常开展经常使用的手段。因此，教育界从来都是反对体罚，但允许惩戒。惩戒与体罚在目的、方式和手段方面都有本质区别。而惩戒权在行使过程中，由于其非拘束性和不可控性，极易超越界线发展为暴力伤害。

我国现行法律规范只是作出了禁止体罚的规定，而没有对体罚的概念、标准作具体详尽说明，更毋论惩戒行为的界限了。在笔者看来，惩戒行为至少需要满足以下几项原则：

（1）目的正当。有过错才能进行惩戒，惩戒是为了帮助学生改正错误，不能为了发泄怒气而惩罚。

（2）教育为主。惩戒只是一种手段，重在教育。

（3）措施合理。不能采取造成学生身体伤害的方式。

（4）人格尊重。惩戒要尊重学生的独立人格和尊严，绝不能侮辱、羞辱学生的人格。

那么在两者区分上，我们可以从下面的几点来切入：

（1）伤害行为上。从行为来看两者都有针对肉体的伤害，但从程度上很容易区分两种行为。教师惩戒行为往往是象征性的、偶尔的、轻微的打骂行为，达不到让人难以接受的程度，但对象是幼儿时，惩戒的衡量标准可能会更严格。本案例中，刘某某对武某某实施的"飞脚一踹"行为，就超越了惩戒行为的象征性、轻微性范畴，使一般人都难以接受。这种对肉体的伤害行为，就属于暴力行为。

（2）伤害程度上。从伤害程度上来看，暴力行为基本要求达到造成轻微伤的程度，存在借助工具的可能性。随手简单地打几下和用工具进行殴打是很容易区分出来的。本案中，刘某某虽然没有使用工具，但他用力地踹向武某某，是有可能伤到其他重要部位的。

（3）主观动机上。家长惩戒行为更倾向于通过行为人的循循善诱或简单的惩戒方式达到使之改正错误或者是养成良好的学习习惯或生活习惯。本案中，刘老师的"飞踹"行为，已经远远超越了惩戒行为的改正目的，在冲动之下造成了武某某的重伤。

因此，教育惩戒权是教师教育学生的必要手段，不能因为少量校园虐待案件的发生而抵制教师的所有惩戒行为。如果这样，将造成教师对于学生不敢管、不愿管局面的形成，学生的失范行为将无法得到及时制止和有效矫正，最终的受害者还是学生。当然，教师惩戒权不能过度。这个领域目前尚缺乏清晰立法，"度"的标准难以把握。2019 年 6 月 23 日《中共中央、国务院关于深化教育教学改革全面提高义务教育质量的意见》提出将"制定实施细则，明确教师教育惩戒权。依法依规妥善处理涉及学校和教师的矛盾纠纷，坚决维护教师合法权益"。教育部将据此加紧修改《中华人民共和国教师法》，明确教师教育惩戒权实施的范围、程度、形式，规范行使教育惩戒权，使广大教师既能热情关心学生，又能严格管理要求学生，促进学生健康成长。

🦉 法律小课堂

过失致人重伤罪

过失致人重伤罪，是指因过失致使他人重伤的行为。过失，包括疏忽大意和过于自信。行为人应当预见自己的行为可能导致他人的重伤，由于疏忽大意没有预见，或者已经预见而轻信能够避免，以致重伤结果发生，构成过失致人重伤罪。

在我们的生活中，我们每个人都承担着不因自己的行为致使他人受伤害的义务（特别情况除外）。因此，我们都具有适当的注意义务。当我们对于他人的伤害无法预见也不应当预见时，则属于意外事件，不应归责于行为人。过失致人重伤罪与意外事件的区别，关键在于行为人对他人重伤的结果是否能够预见、应否预见。这需要根据行为人的实际认识能力和行为时的情况考察。

本罪的主体为一般主体。凡年满 16 周岁且具备刑事责任能力的自然人均能构成本罪。

过失致人重伤罪

——《中华人民共和国刑法》

第二百三十五条　过失伤害他人致人重伤的，处三年以下有期徒刑或者拘役。本法另有规定的，依照规定。

第九十五条　本法所称重伤，是指有下列情形之一的伤害：

（一）使人肢体残废或者毁人容貌的；

（二）使人丧失听觉、视觉或者其他器官机能的；

（三）其他对于人身健康有重大伤害的。

拒绝危险行为

1. 教师在对学生实施惩戒行为时，需承担高度的审慎义务，树立预防意外伤害的意识，尤其应当注意自己的行为有无造成学生重大伤害的可能。一些危险行为是不能尝试的，比如使用尖锐物体以及殴打头部、腹部等。这些危险行为一旦实施，容易超出控制范围，引起严重后果，造成意想不到的悲剧。

2. 学生也要提升自我保护意识，平时多了解、学习自我保护的常识，增强自我保护能力。面临矛盾时，不挑衅、不动手，即将或可能面临伤害时，要采取最大程度的自保方式。比如安抚对方、保护自己的身体脆弱部位、发现预兆后及时向身边人求助等。

幼儿园中的虐待

2016 年 10 月，王某某因其看护的"芽芽"班幼儿吵闹、蹦跳、不睡午觉等多种原因，用大头针多次扎赵某某、宣某某、王某某、鹿某某、霍某某、张某某的脚部，造成六名幼儿脚部不同程度受伤。经朝阳市营州司法鉴定所鉴定，宣某某右足心、足背部损伤程度为轻微伤；赵某某右足心部损伤程度为轻微伤；霍某某右足心部损伤程度为轻微伤；王某某左足心部损伤程度为轻微伤。事发后，建平县黑水镇金萌幼儿园分别赔偿被害幼儿张某某、赵某某、霍某某、鹿某某、宣某某家属人民币各 2100 元；被告人王某某对被害幼儿王某某、宣某某、霍某某、赵某某、张某某、鹿某某家属进行赔偿并取得谅解。2017 年 1 月 5 日，被告人王某某被传唤到案。

法院判决被告人王某某犯虐待被监护、看护人罪，判处有期徒刑六个月。①

本案中，王某某作为幼儿园老师，对于所看

① 参见辽宁省建平县人民法院（2017）辽 1322 刑初 101 号判决书。

护的幼儿具有看护义务。而其在看护过程中，多次用针扎六名幼儿的脚部，造成其轻微伤，情节恶劣。这种行为具有持续性、经常性，属于虐待，构成虐待被监护、看护人罪。

一、 虐待方式

虐待行为的方式包罗万象且错综复杂，并且随着时代的发展而不断进化。任何列举都无法穷尽其所有。任何有可能对人造成身心伤害的行为都有可能成为虐待行为的方式。虐待行为主要分为以下三种：

（一）暴力伤害

暴力伤害，即对身体健康权益的直接侵害，是指对受虐者实施的身体伤害行为，通常表现为可见性损伤，例如殴打、捆绑、用鞭子打、用烟头烫、打耳光等行为，是所有虐待行为中最常见、最直接的一种伤害。

（二）忽视性虐待

忽视性虐待，是指负有监护、看护等义务的行为人故意忽视权利人应该享有的照顾，属于不作为，通常表现为有病不给予治疗、有饭不给吃、有衣不给穿等行为。

（三）精神虐待

精神虐待，是指通过身体暴力外的其他方式给对方造成精神折磨的行为，主要表现为嘲讽、侮辱、谩骂、恐吓、孤立等。

本案例中，行为人就是通过暴力伤害的方式对幼儿实施虐待。身体虐待行为由于容易识别，取证也相对简单，在实践中比较受重视。而对于精神虐待，由于存在社会危害性认识不足和取证难等因素，特别是缺少统一的伤害程度认定标准，常常被忽视。但其实精神虐待的严重性完全不亚于身体虐待，且其所产生的深远影响往往更难康复。

二、 精神虐待

精神伤害型虐待行为是指行为人通过非暴力形式给被害人的心灵造成一定的创伤与影响，理论上可分为主动型和被动型两种。所谓的主动型精神伤害通常是使用语言、神情等对被害人进行威胁、侮辱，如生活中常见的讽刺和谩骂。被动型精神伤害俗称冷暴力，是以不搭理等形式出现，此情形在夫妻之间较为常见。对心理素质较弱的人而言，此种行为也会给被害人的精神造成影响，轻则出现抑郁等疾病，重则会出现自杀等情况。幼儿园教师在孩子的正常教育过程中可能会有意或者无意识地实施一些言行，而这些行为会对幼儿造成严重的影响，轻则影响其人格正常发展，重则会给幼儿造成心理上长期难以恢复的创伤。

未成年人在其成长过程中所受的精神虐待，常见的有以下几种形式：

（一）恫吓

当未成年人行为出现偏差时，教师不是对他们进行正面耐心教育，而是施以威胁和恐吓。有些威胁和恐吓真真假假，并且具有长期性，这会使这些未成年人背负一种长期的无形压力，产生惊恐情绪，从而给他们造成很大的心理负荷。

（二）孤立

对于某些特定同学，教师有时会明示、暗示其他同学不要与他们来往。如此孤立的结果，就是使这些未成年人成为班级中的弱势群体，变得更孤僻、更懦弱，而不愿和他人进行交往和交流。

（三）歧视

在某些权利上，对青少年予以限制、剥夺，极大地抑制他们个人奋斗的志向，使其渐渐丧失信心。

（四）侮辱

有些老师经常会使用侮辱、讽刺、挖苦、嘲笑等多种方式发泄他们对未成年人的不满。

（五）贬低

有的老师经常作出"根本不是读书的料""世界上没有比你更笨的人"之类的否定评价。这些贬低话语前面往往缀有"从来""每次""总是""一点也不"等夸大渲染的修饰语，更会给未成年人弱势群体造成无形的伤害。

（六）忽视

未成年人成长时期是不断社会化的过程，这期间需要同他人交往、得到关爱和照顾。而作为有看护义务的教师，对其采取冷落、无视、不管不顾的行为，会使未成年人产生一种自我忽视情绪，导致其不思进取、放任自流。

社会快速发展过程中精神伤害型虐待行为大量涌现。人们法治意识与维权意识的不断提高，使精神伤害型的虐待行为引起了更多关注。然而，大家对精神伤害引起的重视仍远远不够，人们对于伤害的理解还是多局限于"身体""财产"等实质性伤害。人的心理状态相对于肉体状态而言比较隐蔽和难以观测，因而精神虐待的后果并不像肉体伤害那样显而易见，而是一种"看不见的灾难"。实践中因单纯精神虐待而提起诉讼并最终被依法审判的案例少之又少。

🦉 **法律小课堂**

虐待被监护、看护人罪

虐待被监护、看护人罪是 2015 年《中华人民共和国刑法修正案（九）》（以下简称《刑法修正案（九）》）新增的罪名。在《刑法修正案（九）》出台之前，我国《刑法》中的虐待罪仅惩罚共同生活的家庭成员之间的虐待行为，而故意伤害罪又要求伤害结果达到轻伤以上，同时行政法、民法又完全不足以保护儿童、老年人的合法权益，造成了对于该类弱势群体无法进行全面保护的尴尬局面，因此，《刑法修正案（九）》增设了虐待被监护、看护人罪。对待弱势群体的态度，体现了一个国家的文明程度。虐待被监护、看护人罪的设置，正彰显了我国法律对于未成年人、老年人等弱势群体的保护。

本罪主体是对未成年人、老年人、患病的人、残疾人等负有监护、看护职责的人。比如幼儿园的老师、养老院的护工、家庭保姆、医生护士等。这些人在面对需要监护、看护的未成年、老年人等特殊群体时往往处于一种"优势"地位，可能利用自己的优势地位对儿童、老人等进行侵害。

本罪行为方式是虐待行为，即经常以打骂、冻饿、禁闭、强迫过度劳动、有病不治等方法，在肉体上、精神上肆意摧残、折磨被害人。本罪强调经常性、一贯性，不同于偶尔的打骂和体罚。倘若偶尔的打骂等行为对儿童造成了轻伤或以上的后果，应当以故意伤害罪等罪名定罪量刑。本罪不要求产生轻伤以上的危害后果。本案例中，行为人多次故意用针扎幼儿脚部，造成了幼儿轻微伤的后果，是一种肉体上的摧残，即属于虐待行为。

——《中华人民共和国刑法》

第二百六十条之一【虐待被监护、看护人罪】 对未成年人、老年人、患病的人、残疾人等负有监护、看护职责的人虐待被监护、看护的人，情节恶劣的，处三年以下有期徒刑或者拘役。

沟通方式的重要性

很多家长在与孩子的沟通中，一旦面临挫折，就会失去耐心，开始打骂，这是完全于事无补的。沟通方式十分重要，而在与孩子的沟通中，最重要的是要真心了解孩子的需求，而是需要带着极大的耐心去一步步获得的。

比如，一位母亲对于儿子的房间总是乱糟糟这一点非常烦闷，为此她与儿子吵过无数次，但最后总是不欢而散。然而当她换一种方式对自己的儿子说："你的房间太乱了，妈妈觉得不太开心，因为妈妈希望家里能够整洁漂亮，所以希望你下次能够收拾一下。"明确地描述事实，不要加入"总是""经常"这种下定义且容易令人反感的词语，然后表达自己的感受，同时让对方知道自己的感受是因为自己的需要而引起的，不是由对方的行为造成的，如果对方能够作出一些行为满足自己的需要，甚是感激，最后提出自己对对方的要求。这就是一个完整的沟通。避免指责、下定义、归咎于对方。

"特殊教育"

　　除了正常的义务教育学校之外，还有一些特殊教育学校也需要得到关注，比如聋哑学校、工读学校等。在这些学校里，由于被教育学生以及教育目的的特殊性，学生权益更易受到侵害。

　　2014年初，被告人刘某某在重庆市创办了欧某综合教学部并担任校长，并陆续招聘被告人石某、马某某、田某、刘某某、姜某某、韦某某等人担任该教学部教官。欧某综合教学部主要针对特定未成年学生进行特殊教育，并自行制定学生处罚方案，对违反相关规定的学生采取捆绑控制，以打臀部、手心等方式实施体罚。同时规定，体罚前须向刘某某汇报并获得批准后方可实施。

　　2015年3月22日14时许，邹某某在闪电二班宿舍学习叠被子过程中离开宿舍，邹某某与石某发生言语冲突并对打，石某打电话向刘某某汇报请示体罚，刘某某同意对邹某某实施体罚。石某、马某某、姜某某等人先后对邹某某拳脚殴打，并用PVC管轮流击打邹某某臀部、腿部等部位。因邹某某被殴打大声喊叫，马某某用毛巾堵塞邹某某嘴部，石某还安排学生在闪电一班宿舍门口放置音箱，以大音量播放音乐来掩盖邹某某喊叫声。14 时 40 分许，刘某某来到闪电一班宿舍门口，得知教官正在体罚殴打邹某某后未予制止。15 时许，石某、马某某先后来到教务处向刘某某汇报对邹某某体罚的处理情况，刘某某表示认可，并指示要将邹某某打服，便于以后管理。18 时许，邹某某出现呕吐等情况，石某、马某某遂向刘某某汇报并请示是否送医院，刘某某答复再观察。22 时许，石某等人见邹某某伤情严重，即电话告知刘某某，刘某某同意送医院治疗。经抢救，医院于次日凌晨 5 时 5 分宣告邹某某临床死亡。经法医检验鉴定：邹某某系全身多处软组织挫伤致多器官功能障碍综合征死亡。

法院判决：一、被告人刘某某犯故意伤害罪，判处无期徒刑，剥夺政治权利终身。二、被告人石某犯故意伤害罪，判处无期徒刑，剥夺政治权利终身。三、被告人马某某犯故意伤害罪，判处有期徒刑十五年，剥夺政治权利三年。四、被告人姜某某犯故意伤害罪，判处有期徒刑十一年。五、被告人韦某某犯故意伤害罪，判处有期徒刑十一年。六、被告人刘某某犯故意伤害罪，判处有期徒刑十一年。七、被告人田某犯故意伤害罪，判处有期徒刑八年。①

被告人刘某某身为学校主要负责人，授意他人制定以殴打方式教育学生的相关规定，授意他人故意伤害学生身体，致一人死亡；被告人石某、马某某伙同被告人姜某某、韦某某、刘某某、田某故意伤害学生身体，致一人死亡，七被告人的行为均已构成故意伤害罪。而且，七位被告人的行为系对未成年学生实施捆绑后，在封闭

---

① 参见重庆市第五中级人民法院（2015）渝五中法刑初字第 00137 号刑事判决书。

空间内进行的长时间毒打，并延误抢救，犯罪情节恶劣，手段残忍，后果严重，社会危害性大，依法应予严惩。

工读学校是为有轻微违反法律或犯罪行为的未成年人开设的一种特殊教育学校。这些未成年人犯有严重不良行为但并未达到违法犯罪程度，他们从常规的中小学退学、被开除，或者被学校认为不宜留校学习，但不足以送未成年犯管教所，所以进入工读学校学习。工读学校的教育内容为常规学校教育、职业教育以及相应的法律道德教育。工读学校的管理比常规学校要严格，因此容易出现惩戒的情况。《预防未成年人犯罪法》第 35 条规定，对有严重不良行为的未成年人，由其父母或者其他监护人或原所在学校申请，经教育行政部门批准，可送工读学校进行矫治和接受教育。

教师惩戒如何规制

对教师惩戒行为的规制不是几条建议就能做到的，也不是仅仅改变教师就可以的。但作为主体的教师应根据以下两个因素进行努力。

1. 观念偏差的纠正

首先，教师自身应对惩戒行为有正确认识。惩戒与体罚不同，惩戒不以达到学生的身体或心灵伤害为目的，而意在规训与教育。惩戒权的正当性有其限度和范围，其行使不应指向学生的智力水平、相貌、性格等，也不应指向学生的非违规行为。否则，就会背离惩戒的初衷，变成教师权力的滥用，甚至演化为对学生的伤害。

其次，教师还需要认识到惩戒的使用并不是教育过程中的必要组成部分。在实践中并不是对学生的每一个失范行为都需要惩戒。

惩戒行为只是教育、管理学生过错行为的手段之一，而并不是唯一手段。其行使要根据学生的身心特点、具体情况进行综合考量。教师权威是由教师的魅力、道德、情感与尊重带来的，这才是教育力量的真正灵魂之所在，而不仅仅靠制度性的威压来确立。

教育惩戒不应仅仅停留在单一的"罚"上，教师应于惩戒行为之后负有必要的注意义务。教师应根据具体情形对受惩戒学生采取沟通交流、教育引导等措施，避免对学生心理产生不良影响，也避免师生关系朝不良方向发展。

2. 赋权与规制并行

教师在与学生的关系之间，始终占据主导地位，这一点无可否认。因此，教师的权利应受到相应的制约和监督。当前我国法律法规中并未对教师惩戒权进行明确的认可，自然也就无法谈及制约与监督。随着 2019 年教育部启动《教师法》的修改，教师惩戒权的具体裁量方式及行为尺度将会得以细化。

🦉 法律小课堂

（一）故意伤害罪

本罪的主体为一般主体。凡已满 16 周岁并具备刑事责任能力的自然人均能构成本罪，其中，已满 14 周岁未满 16 周岁的自然人故意伤害致人重伤或死亡的，应当负刑事责任。

——《中华人民共和国刑法》

第二百三十四条　故意伤害他人身体的，处三年以下有期徒刑、拘役或者管制。

犯前款罪，致人重伤的，处三年以上十年以下有期徒刑；致人死亡或者以特别残忍手段致人重伤造成严重残疾的，处十年以上有期徒刑、无期徒刑或者死刑。本法另有规定的，依照规定。

（二）关于教师体罚

在我国，多部相关教育法规都对教师体罚学生的行为给出了明确规定：禁止。

——《中华人民共和国义务教育法》

第二十九条 教师应当尊重学生的人格，不得歧视学生，不得对学生实施体罚、变相体罚或者其他侮辱人格尊严的行为，不得侵犯学生合法权益。

——《中华人民共和国教师法》

第三十七条 教师有下列情形之一的，由所在学校，其他教育机构或者教育行政部门给予行政处分或者解聘：

（一）故意不完成教育教学任务给教学工作造成损失的；

（二）体罚学生，经教育不改的；

（三）品行不良、侮辱学生，影响恶劣的。

教师有前款第（二）项、第（三）项所列情形之一，情节严重，构成犯罪的，依法追究刑事责任。

——《中华人民共和国未成年人保护法》

第二十一条 学校、幼儿园、托儿所的教职员工应当尊重未成年人的人格尊严，不得对未成年人实施体罚、变相体罚或者其他侮辱人格尊严的行为。

学校的监督

学校是教师开展日常教育工作的组织者和直接管理者，应承担起对教师体罚现象的主要监督责任。

1. 严格的教师准入、聘用制度

学校应该严把教师资格准入关，对教师的专业知识技能、心理素质、道德水平、教学实践能力进行全面考察，保证教师队伍的质量。

2. 常态的教师评价制度

建立长期有效的教师评价考核机制也是学校对教师进行聘后管理的重要手段。考核机制需要合理化、规范化，而不是仅仅局限在分数、人数这样狭隘的指标上。教师的教学水平、创造能力、身心健康状况、道德水平都应被纳入考核范围。尤其是教师的道德表现和心理健康水平更应被视为重要评价内容。

3. 有效的救济制度

一方面，应成立专门监督小组，随时针对教师行使管理权的合法性进行监督，在发现教师实施体罚行为时迅速采取制止措施，及时有效地保障学生合法权益不受侵害。另一方面，学校应针对教师的体罚行为，开通专门的投诉信箱、投诉专线及电子邮箱等监督渠道，调动在校师生监督教师依法施教、保护学生合法权益的积极性，共同规制体罚现象。同时，应进一步加强社会公众的参与力度，将公众参与作为教师群体依法施教监督机制的重要组成部分，借助公众的力量予以监督。

老师能体罚学生吗？

　　老师能体罚学生吗？答案当然是否定的。体罚对学生造成伤害的，学校还需要承担赔偿责任。

　　原告张某系被告向阳小学四年级五班学生，被告宋某是该班语文老师。2015年12月30日上午第一节课，宋某因张某没完成作业，用班级的教鞭（直径1厘米粗、约1米长的竹棍）打了张某的左胳膊。约10天前，因为张某在早自习时间与同学打闹，宋某打过张某的臀部（腰部附近）。张某在赤峰宝山医院住院治疗14天，支出医疗费1952.78元。2016年1月21日经赤峰学院附属医院心理科诊断，原告患有焦虑性神经症，建议门诊治疗。原告在该院门诊购买口服药花费1440.24元，并于1月27日至3月21日在该院进行心理治疗35次，支出医疗费1750元。原告法定代理人自驾车于3月28日至4月2日带原告在北京儿童医院门诊检查，支付医疗费4018.28元、花住宿费1240元。原告被打之后，学校对宋某进行了通报批评、记过、扣绩效工资等一系列处罚措施。事件发生时，原告9周岁，自2015年12月30日后一直请假未上学。

2016 年 3 月 4 日向阳小学给原告出具休学证明书，因其患有腰椎间盘膨出及焦虑性神经症，准予休学，至今原告未复学。

法院判决：被告赤峰市元宝山区向阳小学赔偿原告张某医疗费 11104.30 元、住院伙食补助费 1400 元、护理费 14000 元、交通费 4000 元、住宿费 1240 元、精神损害抚慰金 5000 元，合计 36744.30 元，于本判决生效后三十日内付清。①

本案原告系无民事行为能力人，在校期间因教师体罚导致身体受伤，被告向阳小学应依法承担赔偿责任。学校是国家法定的教学场所，也是义务教育关系中唯一的相对人。原告到被告向阳小学就读，向阳小学对原告负有依法教育的义务，当发现原告有不完成作业及上课打闹等有违教学秩序的行为时，学校应采取耐心、适当的教育方法，促使其改正缺点，完成学习任务。但教师宋某违反《义务教育法》中严禁体罚学生的规定，采取简单粗暴的教学方法，导致原告身心受到伤害。作为学校的工作人员，教师的日常教学本质上是代表学校直接开展教学活动的职务行为。因而学校对宋某体罚原告的侵权行为应承担赔偿责任。被告向阳小学在向原告赔偿后，可依据内部规定向宋某行使追偿权。

🦉 法律小课堂

（一）民事侵权责任的承担主体

当学生被体罚、伤害时，应向谁主张民事赔偿？体罚行为通常

---

① 参见内蒙古自治区赤峰市中级人民法院（2017）内 04 民终 1239 号民事判决书。

是由教师本人实施或者教唆他人实施的，但是教师受聘于学校，按照学校的制度从事教学活动，体罚行为与教师的职务行为有紧密关联性，教学过程中实施的体罚可视为代表法人意志的职务性侵权行为。所以，民事法律责任的赔偿主体与直接行为人相脱离，应由学校充当被告，代替教师先行承担民事赔偿责任，但学校事后享有向教师追偿的权利。

（二）民事侵权责任的承担方式

1. 人身损害赔偿

在因体罚给学生造成身体的重度伤害或者残疾、死亡的案件中，学校或者教师应当承担的人身损害赔偿包括如下几个方面：（1）在给学生造成身体健康权伤害的案件中，包含医疗费、护理费、交通费、住宿费、伙食补助费、营养费。（2）因体罚伤害而致残的案件中，除上述费用外，还包含残疾赔偿金、残疾辅助器具费以及因康复护理、继续治疗而产生的必要康复费、护理费、后续治疗费等。（3）因体罚而给学生造成死亡的案件中，除了第一种情况的全部费用外，还包含赔偿丧葬费、死亡补偿费及其亲属为办理丧葬事宜所支出的交通费、住宿费、误工损失费等合理费用。

2. 精神损害赔偿

体罚侵权行为是《侵权责任法》第 38、39 条规定的校园伤害事故的一种，情节严重的体罚行为不仅会给学生造成身体受伤、残疾的恶果，而且会给学生和家长带来严重的精神创伤和精神痛苦，精神抚慰金也是学校或者教师应承担民事责任的一部分。

——《中华人民共和国侵权责任法》

第三十四条　用人单位的工作人员因执行工作任务造成他人损害的，由用人单位承担侵权责任。

第三十八条　无民事行为能力人在幼儿园、学校或者其他教育机构学习、生活期间受到人身损害的，幼儿园、学校或者其他教育机构应当承担责任，但能够证明尽到教育、管理职责的，不承担责任。

——《学生伤害事故处理办法》

第九条　因下列情形之一造成的学生伤害事故，学校应当依法承担相应的责任：

（一）学校的校舍、场地、其他公共设施，以及学校提供给学生使用的学具、教育教学和生活设施、设备不符合国家规定的标准，或者有明显不安全因素的；

（二）学校的安全保卫、消防、设施设备管理等安全管理制度有明显疏漏，或者管理混乱，存在重大安全隐患，而未及时采取措施的；

（三）学校向学生提供的药品、食品、饮用水等不符合国家或者行业的有关标准、要求的；

（四）学校组织学生参加教育教学活动或者校外活动，未对学生进行相应的安全教育，并未在可预见的范围内采取必要的安全措施的；

（五）学校知道教师或者其他工作人员患有不适宜担任教育教学工作的疾病，但未采取必要措施的；

（六）学校违反有关规定，组织或者安排未成年学生从事不宜未成年人参加的劳动、体育运动或者其他活动的；

（七）学生有特异体质或者特定疾病，不宜参加某种教育教学活动，学校知道或者应当知道，但未予以必要的注意的；

（八）学生在校期间突发疾病或者受到伤害，学校发现，但未根据实际情况及时采取相应措施，导致不良后果加重的；

（九）学校教师或者其他工作人员体罚或者变相体罚学生，或者在履行职责过程中违反工作要求、操作规程、职业道德或者其他有关规定的；

（十）学校教师或者其他工作人员在负有组织、管理未成年学生的职责期间，发现学生行为具有危险性，但未进行必要的管理、告诫或者制止的；

（十一）对未成年学生擅自离校等与学生人身安全直接相关的信息，学校发现或者知道，但未及时告知未成年学生的监护人，导致未成年学生因脱离监护人的保护而发生伤害的；

（十二）学校有未依法履行职责的其他情形的。

后　记

　　本书是未成年人权益保护与犯罪预防系列读本中重要的一本。在面对校园欺凌、校园侵财、校园性侵、校园虐待等典型校园问题时，本书以真实案例为基础改编成故事，以案例的形式讲述法律知识，并设计情景再现等趣味题目进行考察。既充分回应了当前构建校园安全的突出问题，又以未成年人群体喜闻乐见的方式进行教育和预防，实现了法律性、教育性和趣味性的统一。本书既可以作为未成年人自学读本，也可以作为校园法律常识教育课程的教学书目，亦可以作为家庭教育中父母和孩子共同的读物。

　　本书的完成，需要感谢武汉大学出版社胡荣编辑提出的宝贵建议，感谢武汉大学出版社的全力支持，也向所有对本书写作给予帮助的单位和个人致以衷心的谢意！

　　本书由主编拟定大纲并确定各章审稿人、撰稿人，最后由主编统改定稿，具体分工如下：

　　拟定大纲、统改定稿：叶小琴

　　校园欺凌篇：田小满、牛堉锦

　　校园侵财篇：廉凯、岑铭敏

校园性侵篇：刘彦修

校园虐待篇：冯源

校园安全建设是一个长期系统的工程，需要常抓不懈，也需要校方、家庭和社会各方力量的参与，共同为未成年人打造一个风清气正、健康纯净的和谐校园环境，让校园回归教学的本质，让学生在校园中顺利成长。校园问题有其特殊性，本书编写团队在尽可能详尽涵盖所有校园问题的前提下，亦可能存在疏漏之处，希望广大读者对本书提出宝贵建议（QQ：2269892601），以便我们继续努力，共同打造预防未成年人犯罪和保障未成年人权益的精品读物。再次表示感谢！

编　者

2019 年 9 月